구약편

청·소·년·핵·심·공·과

틴틴파워 인 지저스

TEEN TEEN POWER IN JESUS

5권

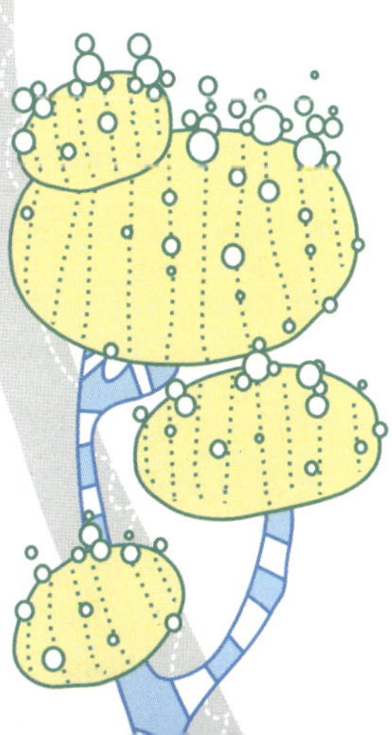

요단

틴틴파워 5권 인 지저스 구약편

Contents

1단원 약속의 땅

2단원 성취의 과정

3단원 준비된 나라

4단원 왕의 이야기

구약편 1단원 약속의 땅

단 원 주 제	하나님을 의지한 사람
단 원 해 설	하나님의 약속의 말씀을 붙잡고 그것을 위해 자신의 모든 것을 던진 사람들의 삶을 살펴보고 그들의 믿음이 어떤 믿음이었는지 이해합니다.
중 심 구 절	"모세가 여호와께서 자기에게 명령하신 대로 하여 여호수아를 데려다가 제사장 엘르아살과 온 회중 앞에 세우고 그에게 안수하여 위탁하되 여호와께서 모세에게 명령하신 대로 하였더라"(민 27:22-23).
단원 학습목표	하나님의 말씀을 끝까지 믿는 삶의 모습들을 이해합니다.
단원 핵심정리	믿는 자의 삶

단 원 소 개

애굽을 탈출한 이스라엘 백성은 하나님께서 약속하신 가나안 땅을 향해 나아가고 있었습니다. 그러나 대부분의 사람들은 하나님의 신실하신 약속을 믿지 못하고 계속해서 부정적인 말과 불평을 가지고 하나님을 원망했습니다. 그러나 그 가운데서 하나님을 향한 굳은 믿음과 신앙을 간직한 소수의 사람들이 있었습니다.

1과에서는 하나님과 모세의 종으로서의 삶을 충실하게 산 여호수아의 생애를 살펴보며, 2과에서는 모세와 여호수아에 이어 항상 이인자의 삶을 산 갈렙의 신앙의 특징을 살펴보며 이러한 삶의 자세가 하나님이 기뻐하시는 신앙인의 모습임을 이해합니다. 3과에서는 하나님을 소문으로만 믿고도 그 믿음을 행동으로 실천한 라합의 신앙을 살펴봅니다.

제 1 과 여호수아 충실한 시종자

구약편

학습목표 : 하나님과 모세의 종으로서의 삶을 충실하게 산 여호수아의 생애를 이해한다.

중심진리 : 하나님과 모세의 종 여호수아

본문말씀 : 민수기 27:22-23

Memory Verse

"모세가 여호와께서 자기에게 명령하신 대로 하여 여호수아를 데려다가 제사장 엘르아살과 온 회중 앞에 세우고 그에게 안수하여 위탁하되 여호와께서 모세에게 명령하신 대로 하였더라"(민 27:22-23).

Question About It

'여호수아'는 누구입니까?

① 여호수아는 에브라임 지파 눈의 아들(민 13:8)로 (　　　　　　　　)의 후계자가 됩니다(민 27:18-23).

② 가나안 땅을 정탐한 후 여호수아는 (　　　　　　　　)과 함께 긍정적인 보고를 했습니다(민 13:1-14:10).

③ 여호수아는 후손들에게 (　　　　　　　　)만 섬길 것을 말하고 110세의 일기로 생을 마감하게 됩니다.

View of Bible

여호수아는 모세의 뒤를 이어 이스라엘 백성을 이끈 위대한 지도자였습니다. 그는 모세가 죽고 난 후 하나님이 약속하신 땅으로 이스라엘 백성을 인도하는 일을 성공적으로 수행한 주인공이었습니다. 가나안 땅을 정복하는 과정에서 여러 가지 하나님의 기적과 놀라운 섭리를 경험했으며, 가나안 땅을 정복한 후 이스라엘의 각 지파에 따라 그 땅을 공평하게 분배하는 민주적인 지도자의 면모를 보여주었습니다.

Learn of Bible

말씀 탐구

1. 모세의 충실한 시종자였던 여호수아

(1) 성경에 여호수아가 처음 등장하는 상황과 역할은 무엇입니까?(출 17:8-10)

____

모세는 여호수아를 전쟁의 지도자로 삼고 그에게 아말렉과의 전쟁을 이끌 것을 명령합니다. 그는 본래 장군 출신이 아닌 모세의 시종이었습니다(수 1:1). 그러나 모세의 측근에서 성실히 모세의 수종을 들었던 여호수아는 곧바로 순종하고 전쟁을 승리로 이끕니다.

(2) 가데스 바네아에서 열두 정탐꾼을 파견했을 때 믿음으로 순종한 사람은 누구입니까?(민 14:6-10)

____

하나님께서는 각 지파에서 한 명씩 뽑아 가나안 땅을 정탐하게 하셨습니다. 그러나 그 땅을 둘러보고 온 사람들은 부정적인 보고를 했습니다(민 13:25-29). 이 말을 들은 백성은 하나님과 모세를 원망하고 통곡했습니다.

그러나 그 땅을 정탐한 자 중 오직 여호수아와 갈렙만이 긍정적인 보고를 합니다. 후에 실제적으로 가나안 땅에 들어간 사람은 여호수아와 갈렙뿐이었습니다.

(3) 하나님을 의지하고 모세에게 충성했던 여호수아에게 하나님은 어떤 일을 맡기십니까?(민 27:22-23)

____

모세의 명령에 순종하여 아말렉과의 전쟁에 임하고, 부정적인 보고를 하는 정탐꾼들 가운데 믿음을 보인 그를 하나님은 주목하고 계셨습니다. 그래서 그를 모세의 뒤를 잇는 이스라엘 백성의 지도자로 삼으셨습니다.

2. 하나님의 충실한 시종자였던 여호수아

(1) 가나안 땅에서 여호수아가 한 일은 무엇입니까?(수 11:23)

모세의 후계자가 된 여호수아는 하나님의 명령에 순종하여 가나안 땅을 정복해 나갔습니다. 이 전쟁에서 승리의 비결은 오직 하나님께 대한 전적인 믿음과 순종 때문이었습니다. 긴 정복 전쟁이 끝난 후 여호수아는 정복한 땅을 각 지파별로 분배해 줍니다.

(2) 세겜에 모인 백성들에게 전한 여호수아의 마지막 설교 내용은 무엇입니까?(수 24:14)

하나님께서 맡기신 사역을 성공적으로 수행한 여호수아는 죽음을 앞두고 모든 백성을 세겜으로 모이게 합니다. 그곳에서 여호수아는 백성들에게 가나안의 우상 신들을 섬기지 말고 오직 하나님만 섬길 것을 명령합니다. 이 말을 들은 백성은 여호와를 버리고 다른 신들 섬기는 일을 결단코 하지 않겠다고 맹세합니다(수 24:16). 이렇게 마지막까지 여호수아는 믿음을 지킨 사람이었습니다.

Application of Bible

민수기 14장 9절은 여호수아의 신앙고백과도 같습니다. 여기에서 가장 멋있는 말을 느낌대로 적어 보세요.

Tip of Bible

제2바이올린의 역할

어떤 사람이 유명한 지휘자인 레너드 번스타인에게 가장 연주하기 힘든 악기가 무엇인지 물었습니다. 번스타인은 서슴없이 "제2바이올린입니다. 제1 바이올린 연주자들은 많이 있습니다. 그러나 제2바이올린이나 제2프렌치 호른, 제2플루트 같은 악기를 열정을 가지고 연주하려는 연주자는 찾기가 어렵습니다. 그것이 문제입니다. 제2연주자들이 없다면 하모니를 만들어낼 수 없습니다.

여호수아는 충성된 지도자이기 전에 충성된 수종자의 자리를 살아온 사람입니다. 그는 충성된 수종자였기에 신실한 계승자가 될 수 있었습니다.

열두 지파의 땅 분배

아셀
납달리
므낫세
스불론
잇사갈
므낫세
에브라임
갓
단
베나민
루우벤
유다
시므온

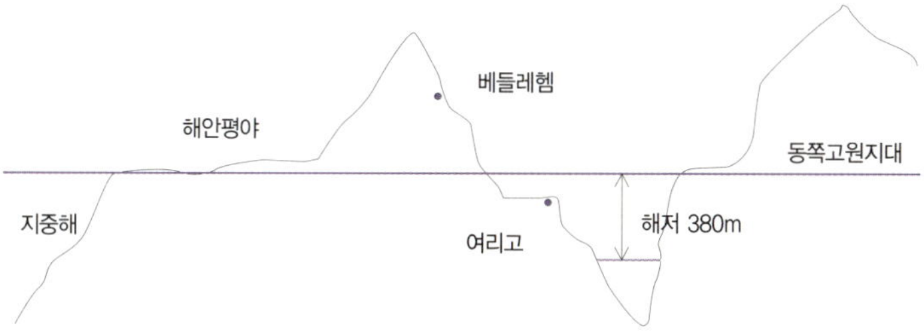
베들레헴
해안평야
동쪽고원지대
지중해
여리고
해저 380m

제 2 과 갈렙 위대한 이인자

학습목표 : 모세와 여호수아에 이어 항상 이인자의 삶을 산 갈렙의 신앙의 특징을 살펴보고 이러한 삶의 자세가 하나님이 기뻐하시는 신앙인의 모습임을 이해한다.

중심진리 : 위대한 이인자인 갈렙

본문말씀 : 민수기 14:24

Memory Verse

"그러나 내 종 갈렙은 그 마음이 그들과 달라서 나를 온전히 따랐은즉 그가 갔던 땅으로 내가 그를 인도하여 들이리니 그의 자손이 그 땅을 차지하리라"(민 14:24).

Question About It

'갈렙' 은 누구입니까?

① 갈렙은 본래 그나스 사람 즉 에서의 후예지만(창 36:9-11; 민 32:12), 하나님께 대한 지속적인 헌신으로 나중에 하나님의 축복을 받아 ( ) 지파에 속하게 됩니다(민 13:6).

② 갈렙의 이름의 뜻은 ( )입니다. 그는 평생 온전히 하나님을 좇는 삶을 살았습니다.

③ 가나안 땅을 정탐한 후 ( )와 함께 긍정적인 보고를 합니다(민 13:1-14:10).

View of Bible

갈렙은 여호수아와 함께 가나안 땅을 정탐했던 인물로 여호수아와 함께 모세를 섬긴 사람입니다. 그런데 모세의 뒤를 이어 여호수아가 이스라엘의 지도자가 되자 갈렙은 모세를 섬겼던 것처럼 여호수아도 계속해서 섬깁니다. 40년 동안 모세를 섬겼던 갈렙이 40년이 지난 후에 다시 동료였던 여호수아를 섬기는 일은 쉬운 일이 아니었습니다. 한 번의 섬김은 쉽지만 계속해서 섬기는 것은 어렵습니다. 그래서 섬김이 값진 것입니다.

Learn of Bible

말씀탐구

1. 위대한 이인자였던 갈렙이 가지고 있었던 마음

갈렙이 하나님께 인정받을 수 있었던 것은 그의 마음 때문이었습니다.

"그러나 내 종 갈렙은 그 마음이 그들과 달라서 나를 온전히 따랐은즉 그가 갔던 땅으로 내가 그를 인도하여 들이리니 그의 자손이 그 땅을 차지하리라"(민 14:24).

하나님은 갈렙을 내 종이라고 말씀하시며, 그의 마음이 다른 사람들과 달랐고 하나님을 온전히 좇았다고 말씀합니다. 그렇다면 갈렙은 어떤 마음을 간직한 사람이었나요?

(1) 수 14:7 ______________________________

갈렙의 마음은 성실한 마음이었습니다. 하나님은 성실한 마음을 좋아하십니다. 성실한 마음은 변함없이 한결같은 마음입니다.

우리가 한결같이 성실하기는 어렵지만 그래도 소망을 품을 수 있는 것은 하나님의 성실하심 때문입니다. 하나님은 성실한 마음을 찾으십니다.

(2) 민 14:6-10 ______________________________

갈렙은 하나님의 약속의 말씀을 신뢰했습니다. 모세를 통해 주신 하나님의 약속을 일찍부터 붙잡았고, 85세가 될 때까지 놓지 않았습니다.

갈렙은 올라가서 가나안 땅을 취하자고 말했습니다. 그는 능히 이길 것이라고 확신했지만 열 명의 정탐꾼은 하나님을 신뢰하지 못했기에 하나님이 약속하신 땅을 원망하며 가나안 사람들을 두려워했습니다.

(3) 수 14:6 ______________________________

하나님은 겸손한 마음을 좋아하시고, 겸손한 사람에게 은혜를 베푸십니다. 갈렙은 여호수아와 함께 40년 동안 모세 뒤에서 자기 위치를 지켰습니다. 또한 여호수아가 이스라엘의 지도자로 세움을 받았을 때도 여전히 이인자의 자리를 지켰습니다.

갈렙은 새로운 지도자가 된 여호수아에게 나아가 산지를 정복할 수 있도록 해달라고 청하고 있습니다. 시기하거나 질투하는 모습은 찾아보기 어렵습니다. 지도자로서의 권위와 위치를 인정하고 있는 갈렙은 겸손한 사람입니다.

갈렙은 일인자가 되는 것보다 가나안 땅을 정복하는 일에 더 관심이 있었습니다. 여호수아와 협력해서 가나안 땅을 정복하는 하나님의 뜻을 이루는데 더 관심이 있었던 것입니다.

2. 갈렙의 신앙의 특징

갈렙의 신앙의 특징은 하나님께 충성하기로(하나님을 온전히 좇기로) 결단하고 그것을 실천에 옮긴 것입니다. 갈렙은 하나님을 믿는다고 고백만 하지 않고 전심을 다해 하나님을 따랐습니다. 갈렙이 하나님께 충성했다는 구절들을 찾아보세요.

(1) 수 14:8 ______________________

____

(2) 수 14:9 ______________________

____

(3) 수 14:14 ______________________

____

(4) 민 14:24 ______________________

____

(5) 민 32:12 ______________________

____

갈렙은 오직 하나님을 바라보며 온전히 좇았습니다. 모세나 여호수아를 보기보다 하나님의 얼굴을 보며 살았습니다. 그런 까닭에 모세를 섬길 수 있었고, 여호수아를 섬길 수 있었습니다.

결국 갈렙은 헤브론 땅을 기업으로 받는 축복을 얻게 됩니다. 하나님은 갈렙을 잊지 않으셨고 그가 평생 충성스럽게 섬긴 것을 보고 계셨습니다. 그리고 그를 기억하시고 여호수아를 통해 갈렙을 축복하셨습니다.

Application of Bible

일인자의 삶과 이인자의 삶의 모습을 비교해보고 자신의 의견을 적어보세요.

일인자의 삶의 모습(모세, 여호수아)	이인자의 삶의 모습(갈렙)

Tip of Bible

이인자들의 모습

오늘의 모든 영적 지도자는 아마도 한때 두 번째 자리에서 기쁘고 충성스럽게 일을 함으로 그의 겸손함을 나타냈던 사람들일 것입니다. 중국의 선교사였던 로버트 모리슨(Robert Morrison)은 그의 지혜를 다하여 다음과 같이 기록하였습니다. "내가 생각하기로, 우리 선교회에서 가장 커다란 잘못은 아무도 둘째가 되려고 하지 않는다는 것이다. 그러나 나는 그들에게서 뛰어나게 탁월한 점들을 아무것도 찾아볼 수 없었다."

오스왈드 샌더스, 《영적 지도력》, 요단출판사, 2004년

사실 이인자가 되는 것은 시간이 지나면 최고가 된다는 것을 의미한다. 최근의 한 조사에 따르면 《포춘》에서 선정한 500대 기업의 총수 중 86퍼센트가 이인자들이었다. 상위 계층으로 승진 가능한 부관들은 중역실로 가는 길이 업적과 충성 그리고 행운으로 포장되어 있다는 것을 안다. 현명한 부관들 역시 최상의 후보 보유력의 진가를 인정하고 있다.

데이빗 히넌 & 워렌 베니스, 《위대한 이인자들》, 좋은책만들기, 2000년

제 3 과 라합 소문만으로 믿은 여인

구약편

학습목표 : 하나님을 소문으로만 믿고도 그 믿음을 행동으로 실천한 라합의 신앙을 이해한다.

중심진리 : 믿음의 행동을 보인 라합

본문말씀 : 여호수아 2:11

Memory Verse

"우리가 듣자 곧 마음이 녹았고 너희로 말미암아 사람이 정신을 잃었나니 너희의 하나님 여호와는 위로는 하늘에서도 아래로는 땅에서도 하나님이시니라"(수 2:11).

Question About It

'라합' 은 누구입니까?

① 라합은 아모리족속 여인으로 여리고성에서 술과 음식을 팔던 (   )이었는데 여호수아가 보낸 정탐꾼 두 명을 숨겨주는 일을 했습니다(수 2:1).

② 라합은 여리고성이 함락되어 갈 때 (   )을 성벽에 내려놓았고 이로 인해 죽음을 면하고 구원받게 됩니다(수 2:21, 6:25).

③ 라합은 (   )의 족보에 오르게 됩니다(마 1:5-6).

View of Bible

라합은 출애굽한 이스라엘 백성 앞에 나타난 최초의 이방 여인이었습니다. 특히 그녀의 신분은 보잘 것 없는 기생이었습니다. 그러나 하나님은 이 이방 여인에게도 긍휼을 베풀어 주셔서 그녀가 하나님을 믿을 수 있는 마음을 주셨습니다. 그리고 하나님은 라합을 당신의 사역에 사용하셨습니다. 이렇게 하나님은 이스라엘만의 하나님이 아닌 모든 민족과 열방의 하나님이 되시고, 특히 낮은 신분과 힘없는 사람들의 하나님이 되심을 알 수 있습니다.

Learn of Bible

말씀탐구

1. 소문으로 하나님을 믿은 라합

(1) 라합은 하나님의 어떤 소문을 듣고 믿게 되었습니까?(수 2:10)

① ____________________

② ____________________

(2) 라합이 하나님을 믿는 것을 행동으로 나타낸 일은 무엇입니까?(수 2:1, 8)

____

라합은 하나님을 직접 만나본 적 없이 소문으로만 듣고 믿은 사람입니다. 이 믿음은 민족, 신분을 초월한 순수한 믿음이었습니다. 이렇게 믿음은 들음에서 납니다(롬 10:17). 예수님도 나를 보지 못하고 믿는 자들이 더 복되다고 말씀하셨습니다(요 20:29).

2. 믿음을 행동으로 옮긴 라합

(1) 믿음의 증거로 라합이 한 행동은 무엇입니까?(수 2:15)

____

(2) 이 행위를 신약성경에서는 어떻게 증거합니까?

① 히 11:3 ____________________

② 약 2:25 ____________________

이스라엘의 정탐꾼들을 숨겨주고 그들을 탈출시키는 일은 라합 자신의 목숨을 걸어야 하는 위험한 일이었습니다. 그러나 하나님을 믿게 된 라합에겐 자신의 목숨보다 하나님의 일이 더 소중했습니다. 그래서 이런 위대한 일을 행하게 된 것입니다. 진실로 하나님을 만난 사람에게는 두려움이 사라집니다. 그녀는 자신의 믿음을 행동으로 옮긴 것입니다.

3. 예수님의 족보에 들어간 라합

(1) 구원받은 라합은 후에 누구와 결혼합니까?(마 1:5)

____

(2) 라합부터 다윗까지의 족보를 적어보세요.

____

결국 라합은 다윗의 아버지인 이새의 증조모가 됩니다. 다윗과 예수 그리스도의 거룩한 족보에 들어가게 된 것입니다. 기생이었고 이방인이었지만 하나님을 믿었고, 그 사역에 동참한 라합을 하나님께서는 기억하셨고 축복해주신 것입니다.

Application of Bible

우리는 어떤 선택을 해야 할까요?

Tip of Bible

라합을 찾은 두 정탐꾼

두 정탐꾼은 왜 기생 라합의 집에 들어간 것일까요? 아마도 기생의 집은 많은 사람들이 모여 자유롭게 이야기를 나누는 곳이기 때문에 가나안 주민의 민심이나 정치, 군사적인 동태를 살피기에 적당한 곳이었고, 라합의 집이 성벽 위에 위치하고 있었으므로(수 2:15) 여리고 성을 정탐하기에 적당한 장소였을 것이기 때문입니다.

그러나 두 정탐꾼은 여리고 성에 들어간 지 얼마 되지 않아 발각되었기 때문에 여리고 성에 대한 자세한 정보를 얻지 못했습니다. 급히 탈출하여 이스라엘 진영으로 돌아가야만 했습니다. 그러나 이들은 그 옛날 부정적인 보고를 한 열 명의 정탐꾼과는 다른 사람들이었습니다. 정탐을 마치고 돌아온 그들은 "진실로 여호와께서 그 온 땅을 우리 손에 주셨으므로 그 땅의 모든 주민이 우리 앞에서 간담이 녹더이다"(수 2:24)라는 긍정적이고 담대한 보고를 하게 됩니다. 이 두 정탐꾼은 믿음의 사람이었습니다.

구약편 2단원 성취의 과정

단 원 주 제 하나님께 쓰임 받은 사람

단 원 해 설 하나님의 뜻을 성취하는 과정 중에 선택을 받아 사용된 사람들의 성공과 실패의 모습들을 이해합니다.

중 심 구 절 "여호와께서 기드온에게 이르시되 너를 따르는 백성이 너무 많은즉 내가 그들의 손에 미디안 사람을 넘겨 주지 아니하리니 이는 이스라엘이 나를 거슬러 스스로 자랑하기를 내 손이 나를 구원하였다 할까 함이니라" (삿 7:2).

단원 학습목표 비록 연약한 사람일지라도 그를 버리지 않고 끝까지 사용하시는 하나님의 모습을 이해합니다.

단원 핵심정리 성공과 실패의 모습들

단 원 소 개

이스라엘 백성은 하나님이 주신 땅에 정착해서도 계속된 불순종으로 하나님께 범죄하는 모습을 보여줍니다. 그래도 하나님은 이스라엘 백성을 사랑하셔서 그들을 향한 끊임없는 구원계획을 이루어 나가십니다.

4과에서는 자신들의 힘을 의지하지 않고 하나님만을 의지할 때 승리한 기드온의 모습을 살펴보고, 5과에서는 하나님이 주신 힘을 잘못 사용하여 타락한 삼손에게 다시 한 번 기회를 주시는 하나님을 이해합니다. 그리고 6과에서는 하나님께 충성하고 시어머니에게 효도함으로 큰 축복을 받은 룻의 삶을 살펴보겠습니다.

제 4 과 기드온 하나님만 의지한 자

구약편

학습목표 : 자신들의 힘을 의지하지 않고 하나님만을 의지할 때 승리할 수 있음을 이해한다.

중심진리 : 하나님만을 의지한 기드온

본문말씀 : 사사기 7:2

Memory Verse

"여호와께서 기드온에게 이르시되 너를 따르는 백성이 너무 많은즉 내가 그들의 손에 미디안 사람을 넘겨 주지 아니하리니 이는 이스라엘이 나를 거슬러 스스로 자랑하기를 내 손이 나를 구원하였다 할까 함이니라"(삿 7:2).

Question About It

'기드온' 은 누구입니까?

① 기드온은 므낫세 지파로 ( )이라는 별명을 가졌습니다(삿 6:32).

② 기드온은 ( )의 군사와 함께 미디안 족속을 물리치고 이스라엘을 구원했습니다(삿 7:6).

View of Bible

여호수아의 인도로 가나안 땅을 정복하고 땅을 분배받은 이스라엘 열두 지파는 안타깝게도 하나님께 순종하는 삶의 모습을 보여주지 못했습니다. 하나님을 배반하고 계속해서 가나안의 우상 신들을 섬기며 불순종하는 삶을 살았습니다. 그 결과 다른 이방 민족들이 쳐들어와서 그들을 섬겨야 했으며 그들의 억압 속에서 고통스러운 삶을 살아야 했습니다.

그러나 이스라엘 백성이 하나님께 부르짖을 때 하나님께서는 한 명의 사사를 세우셔서 그들을 구원하셨습니다. 이 때 하나님이 세우신 사사가 기드온이었습니다.

기드온이 하나님만 의지했을 때 전쟁에서 승리하고 이스라엘을 구원할 수 있었습니다.

Learn of Bible

말씀탐구

1. 소명 받은 기드온

(1) 기드온 시대에 이스라엘 백성은 하나님을 배반하고 우상을 섬겼습니다. 그 결과 그들의 삶은 어떠했습니까?(삿 6:1-6)

① 삿 6:1 ______________________

② 삿 6:2 ______________________

③ 삿 6:4 ______________________

(2) 여호와의 사자가 기드온을 찾아왔을 때 그는 어디에서 무엇을 하고 있었습니까?(삿 6:11)

____

(3) 여호와의 사자가 기드온을 무엇이라고 불렀습니까?

____

당시 이스라엘 백성은 미디안 족속의 억압 속에서 고통스러운 생활을 하고 있었습니다. 하나님께 불순종했기 때문입니다. 이때 여호와의 사자가 밀을 포도주 틀에서 타작하고 있던 기드온을 찾아오십니다. 이 밀을 포도주 틀에서 타작하는 모습은 추수한 밀을 빼앗기지 않기 위해 숨어서 타작을 하고 있는 모습임을 보여줍니다.

이때 기드온에게 여호와께서 "큰 용사여!" 하면서 나타나십니다. 소심하고 겁이 많은 기드온에게 큰 용사라고 부르신 것입니다. 기드온은 여호와의 소명에 부정적인 반응을 보입니다. 그러나 하나님은 주저하는 기드온에게 "내가 반드시 너와 함께 하리니"(삿 6:16)라는 약속을 주십니다. 하나님은 아주 약하고 보잘 것 없는 평범한 사람을 불러서 큰 용사로 삼아 자신의 일을 맡기셨습니다.

2. 기드온의 300 용사

(1) 최종적으로 기드온이 모은 군사의 수는 몇 명입니까?(삿 7:7)

____

(2) 기드온의 300 용사가 준비한 무기는 무엇입니까?(삿 7:16)

____

(3) 적은 군사와 보잘 것 없는 무기를 준비시킨 하나님의 의도는 무엇입니까?

____

기드온은 미디안 족속과의 전투를 위해 군사 3만 2천 명을 모집했습니다. 그런데 하나님은 지금 모인 사람들이 너무 많다고 하시면서 계속 그 숫자를 줄이셔서 300명만 남도록 하셨습니다. 그리고 이들의 무기는 나팔과 빈 항아리 그리고 횃불뿐이었습니다. 그러나 놀랍게도 하나님은 이러한 상태에서 이스라엘이 승리하게 하셨습니다. 하나님이 아주 적은 무리인 300명만 선택한 이유는 이스라엘이 하나님을 의지하지 않고 스스로의 힘으로 전쟁에서 승리했다는 생각에 빠져들지 않도록 하기 위함이었습니다(삿 7:2).

3. 전쟁 후 기드온의 모습

(1) 전쟁이 끝난 후 백성들이 기드온에게 요구한 것은 무엇입니까?(삿 8:22)

____

(2) 전쟁이 끝난 후 기드온의 영향력은 어느 정도였습니까?(삿 8:28)

____

전쟁이 끝나자 이스라엘 백성은 기드온을 왕으로 추대하려고 했습니다. 그러나 기드온은 이스라엘의 왕은 오직 여호와뿐임을 말하며 백성들의 제안을 거절합니다. 기드온이 살아 있는 40년 동안 이스라엘은 태평한 시대를 누릴 수 있었습니다(삿 8:28).

Application of Bible

우리는 '작은 자' 일까요? 아니면 '큰 용사' 일까요?

Tip of Bible

포도주 틀에서 밀을 타작하는 기드온의 모습

미디안 사람들은 농사를 지을 때는 가만히 있다가 추수할 때만 되면 쳐들어오는 굉장히 악은 족속이었습니다. 그래서 기드온은 추수한 밀을 빼앗기지 않기 위해 미디안 사람들 몰래 포도주 틀에서 타작하고 있었던 것입니다. 타작이란 알맹이와 껍질을 따로 떼어 놓는 작업으로 넓은 마당에서 하는 작업입니다. 반면에 포도주는 밀폐된 장소에서 하는 작업입니다. 그 이유는 포도주에 이물질이 들어가면 안 되기 때문입니다. 그런데 기드온은 지금 반대로 포도주를 짜는 장소에서 밀 타작을 하고 있었습니다. 그것도 두들기면서 타작하는 것이 아니라 한 알씩 조심스럽게 밀을 까고 있었던 것입니다. 혹시 누가 볼까봐 숨어서 몰래 낟알을 까고 있었습니다. 이러한 행동은 기드온이 소심하고 겁이 많은 사람임을 보여주는 장면입니다.

제 5 과 삼손 마지막에 기회를 얻은 자

구약편

학습목표 : 하나님이 주신 힘을 잘못 사용하여 타락한 삼손에게 다시 한 번 기회를 주시는 하나님을 이해한다.

중심진리 : 잘못된 삶을 산 삼손

본문말씀 : 사사기 16:28

Memory Verse

"삼손이 여호와께 부르짖어 이르되 주 여호와여 구하옵나니 나를 생각하옵소서 하나님이여 구하옵나니 이번만 나를 강하게 하사 나의 두 눈을 뺀 블레셋 사람에게 원수를 단번에 갚게 하옵소서 하고"(삿 16:28).

Question About It

'삼손' 은 누구입니까?

① 삼손은 (   )의 아들로 '작은 태양' 이란 뜻을 가지고 있습니다(삿 13:2).

② 삼손은 태중에 있을 때 성별되어 (   )으로 선택되었습니다(삿 13:5).

③ 삼손은 하나님이 주신 큰 힘을 사용해서 (   ) 사람들을 물리쳤습니다.

④ 그러나 삼손은 결국 (   ) 삶을 살게 됩니다.

View of Bible

여러분은 삼손이란 이름을 들을 때 어떤 생각이 가장 먼저 떠오릅니까? 우리가 주일학교 때부터 자주 들었던 삼손은 무엇보다 힘이 세고, 이스라엘 백성을 위해서 블레셋 사람들을 물리치고, 하나님의 사사로서 위대한 삶을 살았지만 마지막에 타락하여 불행하게 생을 마감한 불쌍한 사람이었다고 생각할 겁니다.

그러나 과연 그럴까요? 본 과를 공부하면서 삼손이 어떤 삶을 살았는지 살펴보세요.

Learn of Bible

말씀탐구

1. 나실인 삼손

(1) 삼손이 태어나는 과정을 찾아보세요.

① 삿 13:3 ______________________________

② 삿 13:5 ______________________________

③ 삿 13:7 ______________________________

(2) 나실인의 세 가지 조건은 무엇입니까?(민 6:3-6)

① 민 6:3 ______________________________

② 민 6:5 ______________________________

③ 민 6:6 ______________________________

삼손의 어머니는 아이를 낳을 수 없었던 몸이었으나 하나님께 간절히 기도한 가운데 태어난 사람이 삼손입니다. 이렇게 삼손은 이미 태어날 때부터 하나님께 바쳐진 사람 즉 나실인으로 태어났는데, 나실인이란 '구별된 자'라는 뜻으로 하나님께 특별히 봉사하도록 구별된 자를 말합니다. 구별된 자이기에 삼손은 모든 모습에서 세상 사람과 달랐습니다.

술을 멀리하라는 것은 육신의 정욕에 빠지지 말라는 것이며, 머리털을 깎지 말라는 것은 멀리서도 나실인이란 것을 빨리 알아차릴 수 있도록 세상과 구별된 모습으로 살아야 한다는 것을 뜻합니다. 또한 시체를 만지지 말라는 것은 부정한 것을 가까이 하지 말아야 한다는 것입니다.

2. 타락한 삼손

(1) 삼손의 힘은 어느 정도였습니까?

① 삿 14:6 ______________________________

② 삿 14:19 ______________________________

③ 삿 15:15 ______________________________

삼손은 다른 사람에겐 없는 하나님이 주신 초자연적인 힘이 있었습니다. 이렇게 하나님이 삼손에게 특별한 힘을 주신 이유는 오직 하나님의 일을 위해 주어진 것이며 블레셋 사람들을 물리치기 위해 주신 것입니다.

(2) 삼손은 나실인으로서 지켜야 할 것을 어겼습니다. 그 내용을 찾아보세요.

① 삿 14:8-9 ______________________________

② 삿 14:10 ______________________________

③ 삿 16:19 ______________________________

삼손은 하나님이 주신 힘을 이스라엘 백성을 위해 사용하지 않고 자신의 개인적인 원수 갚는 일에만 사용했습니다. 30명을 죽인 일도 내기에서 진 옷을 구하기 위함이었고, 나귀의 새 턱뼈로 1000명을 죽인 것도 이스라엘 백성을 위해서가 아닌 자신을 잡으러 온 블레셋 사람들을 물리치기 위함이었습니다.

죽은 사자의 몸에서 나타난 꿀이나 나귀의 턱뼈는 부정함을 나타내는 죽은 시체이고, 계속되는 결혼잔치는 포도주를 마시는 장면을 떠오르게 합니다. 그리고는 결국 블레셋 여인인 들릴라에게 머리털이 깎이게 됩니다. 이로써 삼손은 나실인으로서 지켜야 할 모든 것을 어기게 된 것입니다.

(3) 나실인으로서의 규정을 어긴 삼손은 결국 어떻게 되었습니까?(삿 16:21)

____

삼손은 자신의 힘을 육신의 정욕을 위해서 사용하고 그것에 자기를 팔아버림으로 그의 능력을 상실하고 말았습니다. 구별된 그리스도인의 위치를 망각하고 세상과 섞이면 그리스도인은 능력을 상실합니다.

3. 다시 한 번 기회를 주시는 하나님

(1) 삼손은 마지막에 하나님께 어떻게 기도했습니까?(삿 16:28)

---

(2) 삼손의 기도에 하나님은 어떻게 응답하셨습니까?(삿 16:30)

삼손은 태어날 때부터 나실인으로 구별되어 세상적인 모든 것을 멀리하고 하나님과 이스라엘 백성을 위해 하나님이 주신 힘을 사용했어야 하는데 그의 전반적인 삶을 되돌아보면 그렇지 못한 삶이었습니다. 하나님이 주신 힘을 개인적인 원수들에게 사용했지 이스라엘 백성을 위해 사용한 적이 없습니다. 그래서 결국 블레셋 사람들에게 잡히는 몸이 됩니다.

그러나 마지막에 하나님께 회개하고 기도했을 때 하나님께서는 그의 기도를 들어주시고 삼손이 살아 있을 때 한 일보다 더 큰일을 하게 하셨습니다. 우리에게도 하나님이 주신 능력과 재능이 있다면 하나님을 위해서 사용해야 되겠습니다.

Application of Bible

나실인과 '나'와의 관계에 대해 이야기해 보세요.

Tip of Bible

나실인

'삼가다' 또는 '스스로를 헌납하다'라는 뜻의 히브리어 nazar에서 유래된 말로 '분리하다', '성별하다'라는 의미로 이스라엘 사람 중에서 종교적으로 구별된 사람을 가리키는 말입니다. 나실인은 특별한 서약을 통해 자신을 다른 사람과 구별하여 여호와께 바쳐진 삶을 사는 사람들입니다. 민수기 6장에 나실인의 법이 구체적으로 기록되어 있습니다.

나실인은 성경적으로 세 종류로 나눌 수 있습니다. 첫째로 하나님의 명령에 따라 나실인이 되는 경우(삿 13:5,7, 삼손; 렘 1:4-5, 예레미야), 둘째로 부모님의 서원으로 나실인이 되는 경우(삼상 1:11, 한나의 서원으로 나실인이 된 사무엘) 그리고 마지막으로 자발적으로 나실인이 되는 경우입니다(행 18:18, 바울).

이것은 삼손과 같은 경우만 나실인이 되는 것이 아니라, 오늘날 참된 신앙인이라면 하나님 앞에서 세상과 구분되어지는 믿음과 그에 따른 구분된 행동을 보여주어야 한다는 의미에서 그리스도인 모두가 나실인이 되는 것입니다.

제 6 과 룻 시어머니를 잘 섬긴 여인

구약편

학습목표 : 하나님께 충성하고 시어머니에게 효도함으로 큰 축복을 받은 룻의 삶을 이해한다.

중심진리 : 시어머니를 잘 섬긴 효부 룻

본문말씀 : 룻기 1:17

Memory Verse

"어머니께서 죽으시는 곳에서 나도 죽어 거기 묻힐 것이라 만일 내가 죽는 일 외에 어머니를 떠나면 여호와께서 내게 벌을 내리시고 더 내리시기를 원하나이다 하는지라" (룻 1:17).

Question About It

'룻' 은 누구입니까?

① 룻은 모압 여인으로 유다 지파 베들레헴 주민 (   )의 며느리입니다(룻 1:1-4).

② 룻은 남편의 죽음으로 과부가 되나 홀로된 시어머니의 신앙을 따라 (   )을 떠납니다(룻 1:6).

③ 룻은 (   )와 결혼하게 됩니다(룻 4:13).

④ 룻은 이방 여인으로서 다윗의 조모로 (   )의 족보에 들어가게 됩니다(룻 4:18-22).

View of Bible

룻은 이방 여인임에도 불구하고 다윗과 예수 그리스도의 족보에 자신의 이름을 올린 위대한 여인입니다. 그리고 에스더와 함께 여인의 이름이 성경의 제목으로 기록된 책은 룻기가 유일합니다.

무엇보다도 룻기에서 살펴볼 수 있는 것은 그녀의 효심입니다. 자신의 친어머니도 아닌 남편의 어머니인 시어머니를 따라 자신의 가족과 고향을 버린 것은 하나님께 대한 믿음이 없이는 할 수 없는 위대한 결단이었습니다. 이렇게 나오미를 잘 섬긴 룻을 하나님은 기뻐하셨고 그에게 큰 축복을 내리셨습니다. 본 과에서는 룻의 믿음과 함께 그녀의 효심에 대해서 배워보겠습니다.

Learn of Bible

말씀탐구

1. 하나님을 사랑한 룻

(1) 흉년을 피해 모압 땅으로 이주한 나오미가 그 땅에서 잃은 것과 얻은 것을 찾아보세요(룻 1:1-5).

① 잃은 것(룻 1:3, 5) ____________________

② 얻은 것(룻 1:4) ____________________

(2) 나오미의 두 며느리 중 하나님을 따른 룻의 신앙관을 적어보세요(룻 1:16).

____

이스라엘 땅에 흉년이 들어 나오미의 가족들은 그 땅을 떠나 모압 지방에 머물게 됩니다. 그곳에서 오르바와 룻이라는 두 며느리를 맞이하지만 나오미의 남편과 두 아들은 죽게 됩니다. 이에 나오미는 이스라엘 땅으로 돌아올 결심을 하고 모압 여인인 며느리들에게 자신을 따라오지 말고 모압 땅에 남으라고 말했습니다.

그러자 오르바는 남았지만 룻은 끝까지 시어머니인 나오미를 따르겠다고 말하고 위대한 신앙고백을 합니다(룻 1:16). 룻은 비록 이방 여인이었지만 나오미에게서 그녀의 신앙심을 배웠습니다. 비록 나오미가 먹을 것이 없어 모압 땅으로 이주했지만, 자신의 믿음만큼은 굳게 지키고 있었음을 알 수 있습니다.

2. 시어머니를 사랑한 룻

(1) 룻은 시어머니인 나오미를 언제까지 따르겠다고 말합니까?(룻 1:17)

____

(2) 나오미를 돕던 룻에게 은혜를 베푼 이유는 무엇입니까?(룻 2:11)

① ____

② ____

(3) 나오미의 명령에 룻은 어떻게 반응했습니까?(룻 3:5)

____

며느리인 룻은 시어머니 나오미를 끝까지 따르고 모시겠다고 결심하고 이스라엘 땅으로 함께 돌아옵니다. 룻은 자기의 시어머니인 나오미를 언제나 '어머니'라고 부릅니다. 자신의 친어머니처럼 섬긴 것입니다. 그러나 이들에게 놓여진 현실은 만만치 않았습니다. 당시 이스라엘에서는 두 여자가 그것도 남편이 없는 과부가 할 수 있는 일은 아무것도 없었습니다. 이때 나오미의 친족이었던 보아스가 그들에게 은혜를 베풀어서 자신의 땅에서 넉넉히 이삭을 주울 수 있도록 배려해줍니다. 그리고 나오미는 지혜를 발휘해서 룻에게 할 일을 명령하고 룻은 그녀의 말에 순종합니다.

3. 하나님의 축복을 받은 룻

(1) 결국 룻은 누구와 결혼하게 됩니까?(룻 4:13)

____

(2) 보아스와 룻이 낳은 아들의 이름은 무엇이며 다윗과는 어떤 사이가 됩니까?(룻 4:17)

____

룻은 하나님을 믿었으며 외로운 시어머니인 나오미를 잘 섬겼습니다. 하나님께 충성하고 부모님께 효도한 것입니다. 그 결과 하나님이 그녀를 기억하셨고 구원의 손길을 베푸셨습니다. 그래서 룻은 라합과 살몬의 아들인 보아스와 결혼하게 되었고, 그녀의 이름은 예수님의 족보에 기록되었으며 이방 여인 중에 축복받은 여인이 된 것입니다.

Application of Bible

'부모님 공경하기'에 대해 이야기해 보세요.

Tip of Bible

기업 무를 자(룻 3:12)

기업 무를 자(고엘)은 '구속자(redeemer)'의 의미로 자기 형제나 친족이 어려움에 처했을 때 그것을 해결해주어야 한다는 의미에서 '보호자'라 할 수 있습니다. 성경에 이들의 의무로 크게 두 가지가 나타나는데 첫 번째는 형제가 가난하여 토지를 잃었을 때 그것을 보호해주어야 하는 것(레위기 25:25-28)이고 두 번째 의무는 형제가 가난하여 종이 되었을 때 이를 보호해주어야 하는 것(레위기 25:47-49)입니다.

나오미의 친족이었던 보아스는 이렇게 나오미의 기업 무를 자로서 남편을 잃은 룻의 새로운 남편이 되므로 기업 무를 자의 의무를 다한 것입니다.

구약편 3단원 준비된 나라

단 원 주 제 준비된 사람들

단 원 해 설 하나님의 나라를 준비하는 가운데 사용되어지는 사람들의 여러 가지 모습들을 이해합니다.

중 심 구 절 "나는 너희를 위하여 기도하기를 쉬는 죄를 여호와 앞에 결단코 범하지 아니하고 선하고 의로운 길을 너희에게 가르칠 것인즉"(삼상 12:23).

단원 학습목표 하나님 나라는 희생과 결단 없이는 이루어질 수 없는 것임을 이해합니다.

단원 핵심정리 준비하는 사람들

단 원 소 개

다윗왕국이 세워지기까지 많은 사람들의 희생과 헌신이 있었지만, 그에 못지않게 질투와 시기심도 있었습니다. 준비된 나라는 다른 사람들의 희생과 노력 없이는 결코 이룰 수 없는 것입니다.

7과에서는 영적인 지도자로서 갖추어야 할 기도하는 삶과 깨끗한 삶을 산 사무엘의 인생을 살펴보고, 8과에서는 하나님께 택함을 받은 지도자였지만 거듭된 불순종으로 하나님께 버림받은 사울의 인생을 이해합니다. 그리고 9과에서는 다윗이 하나님의 선택받은 사람임을 알고, 자신의 모든 것을 희생하고 그를 도운 요나단의 우정을 살펴보겠습니다.

제 7 과 사무엘 위대한 지도자

구약편

학습목표 : 영적인 지도자로서 갖추어야 할 기도하는 삶과 깨끗한 삶을 산 사무엘의 인생을 이해한다.

중심진리 : 기도하는 지도자 사무엘

본문말씀 : 사무엘상 12:23

Memory Verse

"나는 너희를 위하여 기도하기를 쉬는 죄를 여호와 앞에 결단코 범하지 아니하고 선하고 의로운 길을 너희에게 가르칠 것인즉"(삼상 12:23).

Question About It

'사무엘' 은 누구입니까?

① 사무엘은 레위지파 엘가나의 아내 (   )가 기도하여 낳은 아들입니다(삼상 1:1, 20).

② 사무엘은 사사이며 제사장이고 (   )였습니다.

③ 사무엘은 (   )으로 서원되어 하나님께 바쳐진 사람이었습니다.

④ 사무엘은 (   )과 (   )을 왕으로 세우고 기름 부은 역할을 했습니다.

View of Bible

이스라엘 역사에서 사사 시대와 왕정시대를 이어주는 중요한 인물이 바로 사무엘입니다. 그는 마지막 사사였고 엘리 제사장 밑에서 교육받은 제사장이었으며, 하나님의 말씀을 전하는 예언자이기도 했습니다. 이스라엘에 왕이 세워지기 전에 백성을 다스린 위대한 지도자였습니다. 무엇보다도 사무엘은 기도하는 사람이었고, 한편으로는 깨끗한 삶을 산 지도자였습니다. 본 과에서는 그의 삶을 통해 지도자가 갖추어야 할 기도의 중요성과 도덕적인 인품에 대해 배워보겠습니다.

Learn of Bible

말씀탐구

1. 기도의 사람 사무엘

(1) 사무엘은 그의 어머니 한나가 어떻게 해서 낳은 자식입니까?(삼상 1:10-11)

____

사무엘은 어머니 한나가 하나님께 서원 기도를 올려 그 응답으로 낳은 아들이었습니다. 인간의 힘으로는 도저히 아이를 낳을 수 없는 불가능한 상황에서 하나님의 응답으로 낳은 아들입니다. 이렇게 사무엘의 어머니 한나는 기도의 사람이었습니다.

(2) 사무엘의 기도하는 모습을 찾아보세요.

① 삼상 7:5 ______________________________

② 삼상 12:23 ______________________________

③ 삼상 15:11 ______________________________

어머니인 한나의 간절한 기도로 낳은 사무엘도 역시 기도의 사람이었습니다. 사무엘은 언제나 하나님의 음성을 듣는 일에 민감하고 강하게 반응했습니다(삼상 3:10). 또한 그는 중보기도에 능한 사람이었습니다.

(3) 사무엘이 기도할 때 어떤 기적이 일어났습니까?(삼상 7:10)

____

그는 모든 일을 할 때 언제나 자기 스스로 결정하지 않고 하나님께 기도함으로 처리했습니다.

특히 미스바에서 백성을 위해 기도할 때 쳐들어오는 블레셋 군대를 기도의 힘으로 물리친 것을 볼 수 있습니다. 이는 전쟁의 승리가 인간의 힘이나 칼에 있지 아니하고 기도에 있음을 가르쳐준 사람입니다. 우리가 기도할 때 하나님이 움직이시고 하나님이 나를 대신하여 싸우시는 것을 경험할 수 있습니다.

2. 지도자 사무엘

(1) 사무엘은 어떤 지도자였습니까?(삼상 12:3-4)

사무엘은 하나님의 사역에 임하면서 항상 사적인 욕심 없이 일한 사람입니다. 자신을 위하여 영향력을 행사하지 않았고 물질이나 돈에 있어서도 깨끗한 생활과 마음 자세를 유지했습니다.

(2) 사무엘이 사는 날 동안 이스라엘은 어떤 상태였나요?(삼상 7:13-14)

사무엘이 살아 있는 동안에는 이방 나라들이 이스라엘을 넘보지 못했습니다. 특히 사사 시대 때부터 이스라엘을 끊임없이 괴롭혀온 블레셋의 침입을 하나님이 막아주셨습니다. 오랜만에 나라에 평화가 찾아온 것입니다. 이것은 한 사람의 위대한 지도자로 인해 가능한 일이었습니다.

Application of Bible

당신은 하나님과의 약속의 중요성을 깨닫고 모두 지켰습니까?

Tip of Bible

사무엘의 어머니 한나

자식이 없어 슬퍼하던 한나는 자식을 주시면 하나님께 드리겠다고 서원합니다. 하나님은 그녀의 기도에 응답하셨고, 한나는 하나님과의 약속을 지키기 위해 기도로 얻은 아들 사무엘이 젖을 뗀 후에 그를 하나님께 바칩니다.

어린 아이를 떼어 놓는 일이 어머니로서 쉬운 일이 아니었지만, 하나님과의 약속을 지키기 위해 기꺼이 아들을 하나님께 드린 것입니다. 하나님은 이러한 한나의 믿음을 보시고 그녀에게 큰 축복으로 사무엘 이외에 세 아들과 두 딸을 주십니다.

이렇게 하나님께 바쳐진 사무엘은 이후 가장 영향력 있는 영적 지도자로 성장하여 이스라엘을 다스립니다. 사무엘이 위대해질 수 있었던 것은 그의 어머니 한나의 기도 때문이었고, 하나님의 힘으로 키운 하나님의 아들이었기 때문입니다.

제 8 과 사울 하나님께 쓰임 받지 못한 자

구약편

학습목표 : 하나님께 택함을 받은 지도자였지만 거듭된 불순종으로 하나님께 버림 받은 사울의 인생을 이해한다.

중심진리 : 불순종한 지도자 사울

본문말씀 : 사무엘상 15:22

Memory Verse

"사무엘이 이르되 여호와께서 번제와 다른 제사를 그의 목소리를 청종하는 것을 좋아하심 같이 좋아하시겠나이까 순종이 제사보다 낫고 듣는 것이 숫양의 기름보다 나으니"(삼상 15:22).

Question About It

'사울' 은 누구입니까?

① 사울은 ( )지파 기스의 아들로 키가 크고 용모가 준수했습니다(삼상 9:1–2).

② 사울은 이스라엘의 ( ) 왕이 되었습니다.

③ 사울은 ( )과의 마지막 전투에서 패하여 그의 세 아들과 함께 전사하게 됩니다(삼상 31장).

View of Bible

사울은 베냐민 지파 기스의 아들로 이스라엘 최초의 왕이 된 사람입니다. 이스라엘 백성이 왕을 세워달라고 하나님께 요구하던 어느 날, 사울은 아버지가 잃어버린 나귀를 찾아 길을 나섰다가 사무엘을 만나 기름 부음을 받고 왕이 되었습니다. 그는 기브아에 수도를 정하고 주변 국가들을 정복하고 왕국의 기초를 쌓게 됩니다. 그러나 하나님의 말씀에 불순종하는 행위를 거듭하다가 마지막에는 버림받고 비참한 종말을 맞이하게 됩니다.

Learn of Bible

말씀 탐구

1. 겸손한 사울

(1) 사울은 어떤 사람이었습니까?(삼상 9:3–10)

① ______________________________

② ______________________________

③ ______________________________

사울은 아버지가 암나귀를 잃어버리고 그것을 찾아오라고 말하자 그 명령에 즉시 순종한 인물이었습니다. 그리고 그 암나귀를 찾고자 여러 지방을 '두루 다녔다'는 말이 세 번 반복해서 나오는 것으로 보아 자신이 맡은 일에 최선을 다하는 사람이었음을 알 수 있습니다.

그러나 사울은 나귀를 찾지 못하자 집으로 돌아가려고 했습니다. 그때 같이 암나귀를 찾아다니던 종(사환)이 하나님의 사람에게 찾아가 물어보자고 했을 때, 사울은 아랫사람인 그 사환의 말에 귀 기울이고 그의 말대로 했습니다.

이러한 행동들로 보아 사울은 왕이 되기에 충분한 인격과 마음을 갖춘 사람임을 알 수 있습니다.

(2) 이스라엘의 초대 왕으로 택함을 받은 사울은 어떻게 반응했습니까?(삼상 9:21)

____

(3) 사울이 왕으로 기름 부음을 받자 하나님은 그에게 어떤 일을 행하셨습니까?(삼상 10:6)

____

사울은 라마에서 기름 부음 받았고(삼상 8:4, 9:1–10:1), 미스바에서 왕으로 세움을 받았습니다(삼상 10:17–24). 그리고 길갈에서 왕으로 취임했습니다(삼상 11:15). 이 모든 일은 사무엘의 지도 아래 이루어졌고 하나님의 신이 함께하셨기 때문입니다.

2. 하나님께 쓰임 받지 못한 사울

사울이 처음 하나님의 부름을 받고 왕이 되었을 때는 겸손한 마음과 하나님께 순종하는 마음을 유지했지만, 얼마 지나지 않아 하나님으로부터 버림받게 되었습니다. 그 이유가 무엇인지 찾아보세요.

(1) 아말렉과의 전쟁에서 사울은 하나님께 어떤 죄를 저지르게 됩니까?(삼상 15:22–23)

____

사울이 아말렉 족속과 전쟁을 할 때 하나님께서는 그들의 모든 소유를 남기지 말고 진멸하라고 명령하셨습니다(삼상 15:3). 그러나 사울은 전쟁에서 승리를 거두고 많은 전리품을 얻게 되자 마음에 욕심을 품고 소나 양중 좋은 것들을 취하게 됩니다. 사무엘은 하나님께서 사용하시는 사람은 하나님의 말씀에 철저히 순종하는 사람임을 사울에게 가르친 것입니다.

(2) 골리앗을 물리친 다윗을 사울은 어떤 감정으로 대합니까?(삼상 18:6–9)

____

하나님께서 사울을 왕으로 계속 사용할 수 없었던 또 다른 이유는 그가 자신에 대한 건강한 자아상을 지니지 못하고 열등의식에 허덕이면서 자기보다 뛰어나다고 생각하는 다윗에 대해 심한 질투심과 적대감을 가지고 있었기 때문입니다. 심지어 다윗을 보면 죽이려는 마음을 품게 되었고, 실제로 창을 던져 다윗을 죽이려고 시도하게 되었습니다(삼상 18:10–11).

사울의 마지막 모습은 너무나도 비참했습니다. 이스라엘은 길보아 산에서 블레셋과 전쟁을 벌이게 되었으나, 하나님께서는 사울과 이스라엘의 편에 서지 않으셨습니다. 사울의 아들들이 죽었고 사울 자신도 적의 화살을 맞은 후 스스로 자살하고 말았습니다(삼상 31장).

Application of Bible

하나님께 순종하는 것에 대해서 이야기해 보세요.

Tip of Bible

이스라엘에 있어서 왕의 역할

이스라엘의 왕은 다른 나라의 왕과 다르다는 것을 성경은 말해주고 있습니다. 신명기 17장 14절에서 20절을 보면, 이스라엘 왕의 역할이 자세하게 나와 있습니다.

① 이스라엘 사람 중에서 세워야 하며
② 말을 많이 두지 말고
③ 아내를 많이 두지 말고
④ 은금을 많이 두지 말고
⑤ 하나님의 말씀을 평생 곁에 두고 읽어 배우며
⑥ 율법의 모든 말과 규례를 지켜 행할 것

왕이라는 직분은 절대 권력으로서 자기 마음대로 권력과 여자와 재물을 가질 수 있는 위치였습니다. 그러나 이스라엘의 왕은 이러한 것들을 취하지 말고 오직 하나님의 말씀에 순종해서 그 말씀대로 백성을 다스릴 것을 하나님이 명령하고 있습니다. 이는 이스라엘에 있어서 왕보다 높은 존재가 하나님이며 왕도 그 하나님께 순종해야하는 자리임을 가리키는 말씀입니다.

제 9 과 요나단 친구를 사랑한 자

구약편

학습목표 : 다윗이 하나님의 선택을 받은 사람임을 알고 자신의 모든 것을 희생하고 그를 도운 요나단의 우정을 이해한다.

중심진리 : 참된 우정을 쌓은 요나단과 다윗

본문말씀 : 사무엘상 18:1

Memory Verse

"다윗이 사울에게 말하기를 마치매 요나단의 마음이 다윗의 마음과 하나가 되어 요나단이 그를 자기 생명 같이 사랑하니라"(삼상 18:1).

Question About It

'요나단' 은 누구입니까?

① 요나단은 사울의 ( )로 그의 뒤를 이어 이스라엘의 왕이 될 사람이었습니다.

② 요나단은 ( )과 깊은 우정을 쌓게 됩니다.

③ 요나단은 다윗을 위해 자신의 모든 것을 ( )하고 그에게 헌신합니다.

View of Bible

역사의 큰 무대에서 활동했던 인물 뒤에는 늘 좋은 친구가 있었습니다. 성경에 좋은 친구와의 아름다운 우정을 보여준 사람들이 있는데 대표적으로 요나단과 다윗이 그들입니다. 훌륭한 왕으로 하나님께 인정받은 다윗의 배후에는 요나단이 있었습니다. 그를 위해 자신의 모든 것을 희생하고 헌신한 요나단은 다윗의 진정한 친구였습니다. 이들의 아름다운 우정은 요나단의 성실한 섬김의 열매였습니다.

Learn of Bible

말씀 탐구

성경에 나타난 요나단과 다윗의 서로에 대한 모습을 통해 그들이 어떤 관계였기에 그렇게 아름다운 우정을 간직하게 되었는지 찾아보세요.

1. 서로를 아껴주고 사랑해주는 관계

(1) 삼상 18:1 ____________________

(2) 삼상 18:3 ____________________

(3) 삼하 1:26 ____________________

요나단은 다윗을 아끼고 사랑했으며 존경했습니다. 다윗을 향한 이러한 마음이 쌓여서 우정을 만들 수 있었습니다. 요나단은 다윗의 인물됨을 알았고, 그의 능력을 인정해주었습니다. 그래서 자신에게 있는 소중한 것들을 다윗에게 내어주었고(삼상 18:4), 다윗을 죽이려는 아버지 사울에게 다윗을 변호하기까지 했습니다(삼상 19:5). 이러한 요나단의 사랑을 깨달은 다윗은 그가 여인의 사랑보다 더 크게 자신을 사랑했었다고 고백합니다.

2. 서로를 믿어주고 신뢰하는 관계

(1) 삼상 20:15-16 ____________________

(2) 삼상 23:18 ____________________

요나단과 다윗은 언약을 맺습니다. 이 언약은 서로의 신뢰를 약속하는 언약입니다. 그리고 요나단은 다윗에게 끝까지 자기 집을 돌보아줄 것을, 신의를 저버리지 말 것을 거듭 언약합니다.

우정은 신뢰를 기초로 형성됩니다. 서로 믿지 못하면 우정은 성립될 수 없습니다. 이들은 끝까지 서로에 대한 약속을 지키게 됩니다. 다윗은 요나단의 아버지 사울을 죽이지 않았고, 사울이 죽고 난 후 요나단의 아들 므비보셋을 돌보아줍니다.

3. 어려울 때 서로 도와주는 관계

(1) 삼상 23:17 ______________________________

(2) 삼하 9:7 ______________________________

요나단의 아름다운 우정은 친구 다윗이 어려움 가운데 있을 때 도움의 손길을 주는 데서 절정에 이릅니다. 요나단은 아버지 사울이 다윗을 죽이려는 계획을 세울 때마다 그 사실을 다윗에게 알려줍니다. 또한 가장 고통스러운 순간에 그를 찾아와서 격려했습니다.

다윗도 마지막으로 살아남은 요나단의 아들, 곧 다리를 저는 장애를 가지고 있고 아무도 의지할 것이 없는 므비보셋에게 은총을 베풀고 그의 일생을 돌보아주는 사랑을 베풀게 됩니다.

4. 우리의 진정한 친구인 예수님

(1) 요 15:15 ______________________________

(2) 요 15:13 ______________________________

우리는 좋은 친구를 만나길 소원합니다. 그런데 그런 친구를 만나는 것이 쉬운 일이 아닙니다. 그렇다고 낙심하지 마십시오. 여기 요나단보다 더 좋은 친구를 소개하겠습니다. 그 친구는 바로 예수님이십니다. 예수님은 우리의 친구가 되길 원하십니다. 그리고 그분은 친구인 우리를 위해 십자가에 못 박히시고 죽음까지 감당하셨습니다. 자기 목숨까지도 버린 진정한 친구는 오직 예수님밖에 없습니다.

우리가 예수님을 선택한 것이 아니라 예수님이 우리를 선택해주셨습니다. 그 예수님은 우리가 어려울 때마다 찾아오셔서 도와주십니다. 세상에서 친구가 없다고 낙심하지 말고 예수님과 좋은 친구가 되시기 바랍니다.

친구와의 진정한 우정에 대해서 이야기해 보세요.

Tip of Bible

찬송가 394장

이 세상의 친구들 나를 버려도 나를 사랑하는 이 예수뿐일세
검은 구름 덮이고 광풍 일어도 예수 나의 힘 되니 겁낼 것 없네
괴로운 일 당해도 낙심말아라 영원하신 주 능력 나를 붙드네
예수 내 친구 날 버리잖네 온 천지는 변해도 날 버리지 않네

관포지교

춘추 시대의 관중과 포숙아라는 친구가 있었습니다. 둘은 같이 장사를 했고, 이익을 나눌 때에 관중은 포숙아보다 더 많은 몫을 차지했지만, 포숙아는 그를 욕심쟁이라고 나무라지 않았습니다. 관중이 자기보다 가난하다는 것을 잘 알고 있었기 때문입니다. 또 관중이 직장에서 자주 쫓겨났지만 무능한 놈이라고 나무라지 않았습니다. 사람의 일에는 행운과 불운이 있다는 사실을 알았기 때문입니다. 전쟁을 할 때마다 관중은 도망쳤지만 비겁한 놈이라고 비웃지 않았습니다. 그에게는 늙으신 어머니가 계신 것을 알고 있었기 때문입니다. 후에 관중은 천하를 움직이는 대정치가가 되었습니다. 그때 그는 이렇게 말했습니다. "나를 낳아 주신 분은 나의 부모지만 나를 알아준 사람은 포숙아이다"

안병욱, ≪한 우물을 파라≫, 자유문학사, 1995년

구약편 4단원 왕의 이야기

단 원 주 제	왕의 이야기
단 원 해 설	이스라엘의 왕으로서 어떻게 하나님을 섬기고 백성을 다스려야 선한 왕이 되는지를 이해합니다.
중 심 구 절	"이에 왕이 제사하러 기브온으로 가니 거기는 산당이 큼이라 솔로몬이 그 제단에 일천 번제를 드렸더니"(왕상 3:4).
단원 학습목표	이스라엘의 왕은 하나님을 섬겨야 함을 이해합니다.
단원 핵심정리	선한 왕과 악한 왕

단 원 소 개

이스라엘의 왕은 주변의 다른 나라 왕들과는 다르게 섬기고 경배해야 할 대상이 있습니다. 바로 하나님입니다. 자기 마음대로 백성을 다스리는 것이 아니라 하나님의 말씀대로 왕의 역할을 해야 했습니다. 그래서 정치적으로 위대한 업적을 세운 왕이 훌륭한 왕이 아니라, 하나님께 순종한 왕이 선한 왕이라고 성경은 말하고 있습니다.

10과에서는 다윗이 성경의 위대한 인물로 하나님께 크게 쓰임 받을 수 있었던 원동력이 무엇이었는지 그의 생애를 통해 살펴보고, 11과에서는 하나님과 함께 했던 솔로몬의 영광이 세상적인 것을 추구하고 타락했을 때 하나님께 버림받고 나라가 분열되어 백성에게 고통을 안겨주었음을 이해합니다. 그리고 12과에서는 하나님을 향한 뜨거운 열정과 사랑으로 백성을 하나님께 인도하려 했던 요시야 왕의 인생을 살펴보겠습니다.

제 10과 다윗 하나님께 쓰임 받은 자

구약편

학습목표 : 다윗이 성경의 위대한 인물로 하나님께 크게 쓰임 받을 수 있었던 원동력이 무엇이었는지 그의 생애를 통해 이해한다.

중심진리 : 하나님께 크게 쓰임 받은 다윗

본문말씀 : 사무엘하 7:1-2

Memory Verse

"여호와께서 주위의 모든 원수를 무찌르사 왕으로 궁에 평안히 살게 하신 때에 왕이 선지자 나단에게 이르되 볼지어다 나는 백향목 궁에 살거늘 하나님의 궤는 휘장 가운데에 있도다"(삼하 7:1-2).

Question About It

'다윗' 은 누구입니까?

① 사무엘로부터 ( )에 이어 왕의 후보자로 기름 부음을 받고 이스라엘의 왕이 되었습니다(삼상 16:1, 13).

② 하나님을 의지해서 전쟁에 나가 블레셋의 대장 ( )을 죽이고 승리했습니다(삼상 17장).

③ 다윗의 명성이 높아감에 따라 ( )의 질투로 도망 다니게 되었습니다.

④ 사울이 죽고 그 뒤를 이어 이스라엘과 유다의 ( )이 되었습니다(삼하 5:3).

View of Bible

구약성경에서 하나님께 쓰임 받은 사람들을 생각해볼 때 다윗 왕을 빼놓을 수 없습니다. 그는 이스라엘과 유다로 나누어진 나라를 통일왕국으로 만든 왕이고, 그동안 끊임없이 이스라엘을 괴롭혀 왔던 블레셋 족속을 완전히 점령하여 이스라엘 역사에서 가장 넓은 영토를 차지할 수 있었던 시대를 이끌었던 강력한 왕이었습니다. 다윗이 이렇게 하나님께 크게 쓰임 받은 이유가 무엇인지 찾아보세요.

Learn of Bible

말씀탐구

1. 하나님 마음에 맞는 다윗

(1) 삼상 16:7 ____

(2) 행 13:22 ____

하나님은 사람들이 소외시킨 다윗을 선택하셨습니다. 다윗에게 '내 마음에 맞는 사람'이라고 말씀하며, 자신을 '중심을 보시는 하나님'이라고 소개하고 있습니다. 하나님은 사람의 외모보다 그 사람의 마음의 중심을 보십니다. 하나님의 일을 이루는 것은 인간의 외적인 행위가 아닌 하나님을 향한 믿음이기 때문입니다.

2. 하나님을 신뢰한 다윗

삼상 17:45 ____

다윗은 하나님을 믿는 믿음만을 가지고 나가서, 인간의 힘을 의지한 골리앗을 물리쳤습니다. 다윗이 골리앗 앞에서 두려워하지 않고 강하고 담대할 수 있었던 것은 하나님이 나와 함께해 주신다는 믿음이 있었기에 가능한 일이었습니다.

3. 하나님 일에 헌신한 다윗

(1) 삼하 7:1-2 ____

다윗은 죽음의 고비를 여러 번 넘겼으며 왕이 된 후에도 많은 전쟁을 치렀습니다. 이 모든 일에 하나님의 도움으로 승리를 얻어 이제 쉴 수 있는 기회가 왔습니다. 그러나 다윗은 평안한 삶에 만족하지 않고 하나님을 위해 자신이 할 수 있는 일이 무엇인지 고심한 사람이었습니다.

그의 고민은 자신은 왕궁에서 평안히 지내는데, 하나님의 법궤는 휘장(텐트) 안에 있다는 것이었습니다. 이에 다윗은 주저하지 않고 하나님의 성전을 짓기 위한 준비에 들어갑니다.

(2) 대상 29:3 ______________________________

다윗은 자신이 먼저 가지고 있던 많은 물질들을 하나님의 성전을 짓는 일에 즐거운 마음으로 내어놓았습니다(대상 29:2-5). 이것을 본 모든 족장들과 이스라엘의 모든 사람들이 다 즐거이 하나님께 드리게 되었고 다윗의 아들 솔로몬은 이들이 준비한 것을 토대로 하나님의 성전을 완성할 수 있었습니다.

Application of Bible

우리가 가지고 있는 것들 중에서 하나님께 드릴 것이 무엇이 있는지 이야기해 보세요.

Tip of Bible

시편 23편

시편 23편은 다윗의 시로 시편 중에서도 가장 잘 알려진 다윗의 신앙 고백입니다. 이 시에서 다윗은 여호와가 나의 목자가 되셔서 피곤하고 지친 내 몸을 쉬게 해주시고, 모든 일에 부족함이 없도록 공급해주시며 원수의 대적에서 보호해주신다고 말하고 있습니다. 그리고 마지막엔 여호와의 집에 영원히 거할 것이라는 소망의 고백을 담고 있습니다. 다윗의 이러한 고백들은 그가 힘들고 어려운 역경 속에서도 하나님을 향한 믿음을 지키며 얼마나 치열하게 살았는가를 잘 보여주는 시라고 볼 수 있습니다.

여호와는 나의 목자시니 내게 부족함이 없으리로다
그가 나를 푸른 풀밭에 누이시며 쉴 만한 물 가로 인도하시는도다
내 영혼을 소생시키시고 자기 이름을 위하여 의의 길로 인도하시는도다
내가 사망의 음침한 골짜기로 다닐지라도 해를 두려워하지 않을 것은
주께서 나와 함께 하심이라
주의 지팡이와 막대기가 나를 안위하시나이다
주께서 내 원수의 목전에서 내게 상을 차려 주시고
기름을 내 머리에 부으셨으니 내 잔이 넘치나이다
내 평생에 선하심과 인자하심이 반드시 나를 따르리니
내가 여호와의 집에 영원히 살리로다

제 11과 솔로몬 처음과 끝이 달랐던 지도자

구약편

학습목표 : 하나님과 함께 했던 솔로몬의 영광이 세상적인 것을 추구하고 타락했을 때 하나님께 버림 받고 나라가 분열되어 백성들에게 고통을 안겨 주었음을 이해한다.

중심진리 : 솔로몬의 흥함과 쇠함

본문말씀 : 열왕기상 3:4

Memory Verse

"이에 왕이 제사하러 기브온으로 가니 거기는 산당이 큼이라 솔로몬이 그 제단에 일천 번제를 드렸더니"(왕상 3:4).

Question About It

'솔로몬' 은 누구입니까?

① 솔로몬은 다윗 왕의 아들로 우리아의 아내였던 ( )의 소생입니다(왕상 1:11).

② 다윗의 뒤를 이어 ( )의 왕으로 약 40년간 다스렸습니다.

③ 솔로몬은 지혜의 왕으로 하나님의 ( )을 건축했습니다(왕상 6:38).

④ 솔로몬은 후에 범죄하여 하나님을 떠난 사람이었습니다(왕상 11장).

⑤ 솔로몬은 ( ), ( ), ( ) 등을 저술한 것으로 보아 마지막에는 회개하고 하나님께 돌아온 것으로 보입니다.

View of Bible

솔로몬은 처음에는 하나님을 의지하고 백성을 사랑하는 지도자였습니다. 그런데 세월이 지나면서 하나님의 말씀대로 살지 않고 불순종하며 자신의 부귀영화를 추구하는 지도자로 변했습니다. 본 과를 통해 우리가 하나님 앞에 쓰임 받는 사람이 되기 위해 가져야 할 것과 버려야 할 것이 무엇인지 살펴보겠습니다.

Learn of Bible

말씀 탐구

1. 우리가 가져야 할 것

(1) 왕상 3:4 ______________________________

솔로몬은 하나님께서 왕으로서의 위대한 사역을 맡겨주셨을 때, 그 역할을 잘 감당하기 위해서는 무엇보다 먼저 하나님께 도움을 간구해야 한다는 사실을 잘 알고 있었습니다. 그래서 그가 드릴 수 있는 최선의 방법으로 일천 번제를 하나님께 드린 것입니다.

(2) 왕상 3:9 ______________________________

일천 번제를 받고 기뻐하신 하나님께서 그에게 기도의 응답으로 무엇을 주기를 원하는지 물었을 때, 솔로몬은 개인적인 것을 위해 기도하지 않고 한 나라의 왕으로서 기도했습니다. 자신의 부귀나 장수를 구한 것이 아니라 백성을 잘 다스릴 수 있는 지혜를 달라고 기도한 것입니다. 솔로몬은 기도의 우선순위를 잘 알고 있었던 사람이었습니다.

2. 우리가 버려야 할 것

(1) 왕상 11:1 ______________________________

(2) 왕상 11:5 ______________________________

여호와를 사랑하는 자로서 사역을 시작했던 솔로몬은 이방의 많은 여인을 사랑한 자로 인생을 마치고 있습니다. 솔로몬은 이방 나라의 공주들과 결혼함으로 하나님의 말씀을 거역한 것입니다(신 17:16-17). 후궁 700명과 첩 300명을 두고 육체적인 향락에 빠져 왕으로서의 신분을 망각한 것입니다.

그리고 그들이 자기 나라에서 가지고 온 우상들을 숭배하는 일에 동참하여 그들을 위해 제사드리는 어리석음도 범하게 되었습니다.

3. 솔로몬의 죄악의 결과로 인해 내려진 징벌

왕상 11:11 ______________________________

솔로몬은 뛰어난 능력을 가지고 큰 업적을 남겼음에도 불구하고 세상적으로 영적으로 타락하여 하나님을 떠나고, 그로 인해 나라가 갈라지는 비참한 결과를 낳게 되었습니다. 하나님보다 물질을 더 의지했고, 하나님보다 여자를 더 사랑하면서 우상숭배에 빠지게 되었습니다.

솔로몬은 잠시 성공을 거두었지만 그 성공을 끝까지 가져가지 못했습니다. 진정한 성공은 얼마나 하나님을 끝까지 의지하느냐입니다. 솔로몬의 잘못으로 그의 강대한 왕국은 분열되었고, 영광스러운 성전도 파괴되며 백성들이 이방의 포로로 잡혀가는 불행을 가져왔습니다. 처음의 마음을 끝까지 유지하는 것이 결코 쉽지 않음을 말해줍니다.

Application of Bible

하나님을 처음 만났을 때의 나의 모습과 지금의 나의 모습을 비교해볼 때 달라진 점을 이야기해 보세요.

Tip of Bible

타락한 자에서 성자가 된 어거스틴

젊은 시절에 타락과 방탕의 생활을 즐겼던 어거스틴은 그의 어머니 모니카의 간절한 기도로 32세에 회심하여 예수 그리스도를 영접하게 됩니다. 이때 회심한 경험을 적은 책이 바로 그 유명한 《참회록》입니다. 하루는 어거스틴이 지은 죄에 대해서 깊이 뉘우치며 울고 있을 때, 이웃집에서 "들고 읽으라, 들고 읽으라"는 소리가 반복적으로 들려서 성경을 폈는데 그의 눈에 들어온 성경 구절이 바로 로마서 13장 13-14절 말씀이었습니다.

"낮에와 같이 단정히 행하고 방탕하거나 술 취하지 말며 음란하거나 호색하지 말며 다투거나 시기하지 말고 오직 주 예수 그리스도로 옷 입고 정욕을 위하여 육신의 일을 도모하지 말라."

그는 이 말씀으로 죄의 해방을 경험하고 새롭게 거듭나서 기독교 역사상 가장 영향력 있는 인물 중 한 사람이 되었습니다. 그의 신학과 학문은 후대에 큰 영향력을 끼쳤고 루터와 칼빈이 그의 사상을 근거로 종교개혁을 추진하게 되었습니다. 결국 그에게 성자라는 칭호가 붙여져 지금까지 성 어거스틴으로서 많은 사람들에게 커다란 감동을 주고 있습니다. 방탕하여 쓸모없는 사람이 될 뻔한 사람이 그리스도로 옷 입고 새롭게 거듭남으로 한 시대를 움직이는 위대한 성자가 되었습니다.

제12과 요시야 용기 있는 자

학습목표 : 하나님을 향한 뜨거운 열정과 사랑으로 백성을 하나님께 인도하려 했던 요시야 왕의 인생을 이해한다.

중심진리 : 종교개혁을 단행한 요시야

본문말씀 : 열왕기하 23:25

Memory Verse

"요시야와 같이 마음을 다하며 뜻을 다하며 힘을 다하여 모세의 모든 율법을 따라 여호와께로 돌이킨 왕은 요시야 전에도 없었고 후에도 그와 같은 자가 없었더라"(왕하 23:25).

Question About It

'요시야'는 누구입니까?

① 요시야는 남왕국 유다의 왕으로 8세에 왕위에 올라 31년간 통치했습니다(왕하 22:1).

② 요시야는 당시 우상숭배에 빠져 있던 유다를 (   )을 통해 하나님을 섬기도록 했습니다.

③ 요시야는 하나님을 잘 섬긴 (   ) 왕이었습니다.

View of Bible

요시야가 왕위에 올랐을 때 그의 나이는 불과 8세였습니다. 주변의 강대국이었던 앗수르가 쇠퇴하고 바벨론이 신흥세력으로 부상하고 있는 혼란한 시기였습니다. 요시야의 아버지인 아몬은 우상을 섬기며 백성의 마음을 혼란스럽게 하고 폭정을 일삼은 왕이었습니다. 그러나 요시야는 그런 부왕과는 달리 하나님에 대한 믿음과 백성을 향한 사랑을 간직한 선한 왕이었습니다. 본 과에서는 하나님께 인정받은 요시야 왕의 신앙에 대해 살펴보겠습니다.

Learn of Bible

말씀탐구

1. 하나님을 사랑한 요시야

(1) 왕이 된 요시야가 처음으로 내린 명령은 무엇입니까?(왕하 22:3-5)

8세에 왕이 된 요시야는 너무 어려서 자신이 결정할 수 일이 아무것도 없었습니다. 그러나 그가 왕이 된 지 18년이 되자 왕으로서의 위엄과 권위를 찾게 되었고, 그런 그가 처음 내린 명령이 대제사장에게 하나님의 성전을 수리하도록 명한 것입니다. 이것은 요시야의 신앙이 투철했음을 보여주는 장면입니다.

(2) 성전을 수리할 때 발견된 것은 무엇입니까?(왕하 22:8)

성전을 수리하다가 하나님의 율법책을 발견하게 됩니다. 아마도 이것은 모세의 신명기 말씀이라고 생각됩니다. 이 말씀에는 성품을 다하고 뜻을 다하고 마음을 다해서 하나님을 사랑하라고 되어 있고(신 10:12), 우상을 섬기지 말고 하나님만 섬길 것을 명령하는 말씀(신 4:15-31)들이 적혀 있었습니다.

(3) 율법책을 발견했다는 소식을 들은 요시야는 어떤 반응을 나타냅니까?(왕하 22:11)

고대 이스라엘에서 옷을 찢는 행위는 극한 슬픔을 당하거나 회개할 때 취하는 행동입니다. 요시야는 성전을 수리하는 도중 하나님의 율법책을 발견했다는 소식을 듣자 곧 회개하는 마음으로 자신의 옷을 찢은 것입니다.

2. 종교개혁을 단행하는 요시야

(1) 종교개혁을 단행하기에 앞서 요시야가 취한 행동은 무엇입니까?(왕하 23:1-3)

요시야 왕은 무엇보다도 먼저 모든 백성이 회개하고 하나님과 언약을 다시 세울 것을 소망했습니다. 그래서 백성을 모두 모아서 발견된 하나님의 율법책을 들려주었습니다. 이 말씀을 들은 백성은 회개했고 곧 하나님을 다시 섬길 것을 다짐했습니다.

(2) 종교개혁의 조치로 요시야 왕이 취한 행동은 무엇입니까?(왕하 23:4-20)

가나안 정착 시기부터 완전하게 뿌리 뽑지 못한 우상숭배 사상이 계속 백성들의 생활을 파고들어서 남왕국 유다가 멸망당할 위기에 처해 있었습니다. 그러나 이때 참 신앙인인 요시야 왕이 나타나서 우상을 제거하는 종교개혁을 단행하게 된 것입니다.

(3) 이러한 요시야 왕을 성경은 어떻게 기록하고 있습니까?(왕하 23:25)

하나님을 잘 섬긴 왕은 요시야 전에도 없었고 후에도 없었다는 말씀은 어떤 의미에서 이스라엘의 가장 위대한 왕 다윗보다도 요시야가 더 훌륭한 왕이라는 것을 언급하는 구절입니다.

그러나 얼마 뒤에 요시야 왕은 애굽과의 전투에서 전사하고 그와 함께 종교개혁은 중단되어 요시야 왕이 죽은 뒤(BC 609년) 약 20년 만에 남왕국 유다는 바벨론에게 멸망하게 됩니다(BC 586년).

Application of Bible

나의 신앙습관 가운데 개혁해야 할 것이 있는지 이야기해 보세요.

Tip of Bible

유다 왕들

왕	연대
르호보암	931-913
아비야	913-911
아사	911-870
여호사밧	873-848
여호람	848-841
아하시야	841
아달랴	841-835
요아스	835-796
아마샤	796-767
웃시야	767-740
요담	750-731
아하스	735-715
히스기야	729-686
므낫세	696-642
아몬	642-640
요시아	640-609
여호아하스	609
여호야김	609-598
여호야긴	598-597
시드기야	597-586

이스라엘 왕들

왕	연대
여로보암	931-910
나답	910-909
바아사	909-886
엘라	886-885
시므리	885
오므리	885-874
아합	874-853
아하시야	853-852
요람	852-841
예후	841-814
여호아하스	814-798
여호아스	798-782
여로보암2세	793-753
스가랴	753
살룸	752
므나헴	752-742
브가히야	742-740
베가	752-732
호세아	732-722

신약편

청·소·년·핵·심·공·과

틴틴파워 인 지저스

TEEN TEEN POWER IN JESUS

5권

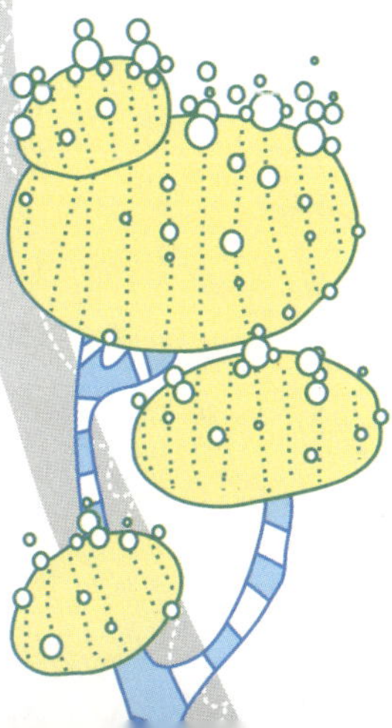

요단

틴틴파워 5권 인 지저스 신약편

Contents

신약편 1단원

약속의 사람들

단 원 주 제 약속의 사람들

단 원 해 설 예수님 탄생과 사역을 준비했던 사람들-예수님의 육신의 부모인 마리아와 요셉, 예수님의 길을 예비했던 침례(세례) 요한-의 모습을 통해 참된 믿음의 사람들이 가졌던 바른 믿음의 태도를 배웁니다.

중 심 구 절 "보라 처녀가 잉태하여 아들을 낳을 것이요 그의 이름은 임마누엘이라 하리라 하셨으니 이를 번역한즉 하나님이 우리와 함께 계시다 함이라" (마 1:23).

단원 학습목표 약속의 사람들이 가졌던 바른 믿음의 태도를 배웁시다.

단원 핵심정리 약속의 사람들이 가졌던 바른 믿음

단 원 소 개

1단원에서는 인류 구원의 거대한 역사 속에서 하나님의 일하심에 순종한 예수의 부모인 마리아와 요셉, 그리고 침례(세례) 요한에 대해서 공부합니다. 하나님께서는 오랜 시간 선지자들을 통해 메시아에 대한 약속과 소망을 주셨습니다. 메시아이신 예수님이 이 땅에 오시는 과정은 완전하신 하나님의 계획이 이루어지는 시간이며, 하나님의 전적인 주도로 이루어진 기적이고 역사였습니다. 그러나 이것은 자신을 희생하며 생명의 위협을 무릅쓴 약속의 사람들이 있었기에 가능했습니다.

1과에서는 처녀인 마리아가 예수님의 육신의 어머니가 되는 과정에서 보여준 용감한 믿음을 살펴봅니다. 2과에서는 성령으로 잉태된 약혼녀 마리아를 받아들이는 과정에서 보여지는 요셉의 인품과 하나님께 대한 순종을 살펴볼 것입니다. 3과에서는 침례(세례) 요한이 어떻게 자신을 낮추고 예수님을 높이며 하나님께서 주신 사명에 충성했는지를 공부합니다.

신약편

제 1 과 마리아 용감한 믿음의 어머니

학습목표 : 예수의 어머니가 될 것이라는 예언을 들은 처녀 마리아의 하나님에 대한 용감한 믿음을 본받는다.

중심진리 : 목숨을 내놓은 마리아의 용감한 믿음

본문말씀 : 누가복음 1:26-38

Memory Verse

"마리아가 이르되 주의 여종이오니 말씀대로 내게 이루어지이다"(눅 1:38).

Question About It

예수의 어머니, '마리아'는 누구입니까?

① 마리아는 '사랑받는, 높여진, 바다의 별'이라는 뜻입니다.

② 요셉의 아내이며 예수님뿐만 아니라 (, , ,) 과 그 누이들의 어머니입니다(막 6:3-4).

③ 예수께서 부활, 승천하신 후 마리아는 제자들과 120여명의 성도들과 함께 기도하는 가운데 ( )성령강림을 경험하며 믿음의 삶을 살았습니다(행 1:12-2:4).

View of Bible

누가복음 1장에서 제사장 사가랴와 엘리사벳 부부는 나이가 많고, 엘리사벳이 아이를 가지지 못해 자녀가 없는 사람으로 소개됩니다. 사가랴가 성소에 들어가 제사장의 직무를 하고 있을 때 천사 가브리엘이 나타나 네 아내가 아들을 낳을 것이고 이름을 요한이라고 하라고 예언합니다. 누가복음 1장에서는 두 아기의 탄생 예언이 연속해서 나옵니다. 천사 가브리엘은 먼저 제사장 사가랴에게 갔고 그 다음 처녀 마리아에게 갔습니다. 그러나 두 사람의 반응은 달랐습니다. 나이도 많고 지위도 높았던 제사장 사가랴는 천사의 예언을 믿음으로 받아들이지 않아 벙어리가 되었고, 나이 어린 처녀 마리아는 자신에게 닥쳐올 위험을 무릅쓰고 천사의 예언을 받아들이는 믿음을 보여줍니다.

Learn of Bible

말씀탐구

1. 천사 가브리엘의 예언

(1) 누가 천사 가브리엘을 보냈나요?(눅 1:26)

____

어떤 일을 할 때, 그 일을 하도록 누가 보냈는지는 매우 중요합니다. 왜냐하면 일의 권위가 보낸 사람에게서 나오기 때문입니다. 성경본문은 천사 가브리엘을 보낸 이가 누구인지를 분명히 하고 있습니다. 이것은 이 예언이 얼마나 중요한 일인지 그리고 얼마나 높은 권위가 있는 일인지를 분명히 하는 것입니다.

(2) 천사가 찾아간 사람은 어느 동네에 사는 어떤 사람이라고 소개하나요?(눅 1:26-27)

____

우리는 여기서 마리아의 신분과 처지를 알 수 있습니다. 마리아가 살던 곳은 가난하고 소외된 지역이었고 그녀는 요셉과 약혼한 처녀였습니다.

(3) 천사는 마리아에게 어떤 말을 전해주나요? 1장 30절부터 33절까지의 천사의 말을 요약해서 자신의 말로 적어보세요.

____

____

'예수'는 여호수아라는 히브리 이름의 헬라어 형태로 '야훼께서 구원하시다'라는 의미입니다. 여호수아가 이스라엘을 약속의 땅으로 인도했듯이 태어날 아기 예수도 당신의 백성을 영원한 생명으로 인도하실 것입니다. 인류 구원의 장엄한 하나님의 역사가 한 여자 마리아로부터 시작된 것입니다.

2. 마리아의 반응

(1) 천사 가브리엘의 말을 들은 마리아의 첫 번째 반응은 무엇인가요? 천사의 말을 처음 들었을 때 마리아는 어떤 심정이었을지 상상해보세요(눅 1:34).

____

(2) 당시 처녀가 임신을 하면 돌로 쳐 죽이는 무서운 율법이 있었습니다. 마리아는 이러한 율법을 알고 있었을 것입니다. 천사의 요구는 자신의 생명조차 위태로워질 수 있는 위험한 것이었습니다. 그런데 천사는 처녀인 마리아에게 하나님의 능력에 의해 아기를 가질 것이고 그 아기는 하나님의 아들이라고 분명히 전합니다. 천사의 말을 들은 마리아의 두 번째 반응은 무엇인가요? 마리아는 어떤 마음으로 말했을까요?(눅 1:38)

____

천사 앞에 선 힘없는 처녀 마리아에게는 하나님의 능력에 대한 확실한 믿음과 신뢰가 있었습니다. 그리고 하나님께서 하시는 일이라면 그것이 두려운 일이지만 순종하겠다는 믿음이 있었습니다. 이러한 고백 이후에 마리아는 곧 예언대로 아기를 가졌습니다. 평범한 처녀 마리아는 천사를 통해 전해진 하나님의 말씀 앞에서 자신의 목숨을 아끼지 않는 용기있는 믿음을 가졌고 이 믿음을 실천했습니다.

Application of Bible

여러분의 가정이나 학교, 친구관계 속에서 마리아와 같은 용감한 믿음이 필요한 부분은 어떤 것이 있을까요? 각자 자신에게 적용해보고 서로 말해보세요.

Tip of Bible

용감한 믿음의 여인, 어머니 마리아

결혼하지 않은 처녀가 아이를 가졌다는 것은 과거나 지금이나 자랑할 수 없는 부끄러운 일입니다. 신명기 법전에 의하면 처녀가 임신을 하면 돌로 쳐 죽이는 율법이 있습니다. 천사의 예언은 돌로 쳐 죽임당할 것을 각오해야 하는 것이었습니다. 임신했을 때는 죽음을 각오해야 했고, 출산할 때는 베들레헴에 방이 없어 마굿간에서 아기를 낳아야 했습니다. 아기를 죽이려는 헤롯군대의 칼날을 피해 밤에 애굽으로 도망가야 했고 헤롯이 죽은 후에야 고향으로 돌아올 수 있었습니다. 예수의 어머니로서의 삶은 그리 쉬운 일이 아니었습니다.

예수님의 공생애 기간 내내 마리아는 아들에 대한 염려와 기도로 세월을 보냈을 것이고 예수께서 십자가의 형틀에서 죽어가는 순간에도 어머니로서 가슴 찢으며 함께 했을 것입니다. 이후 마리아는 요한을 따라 에베소로 갔다는 전설이 있습니다. 성경에 등장하는 마지막 모습은 오순절 성령강림 사건 당시 전심으로 기도하는 모습입니다. 예수의 어머니로 시작해 예수를 믿고 따르는 성도의 삶을 산 어머니, 마리아. 임신하는 순간부터 아들을 위해 자신의 목숨을 내놓은 용감한 믿음의 어머니인 마리아의 믿음과 삶을 우리는 잊지 않고 기억해야 할 것입니다.

제 2 과 요셉 사람을 배려하고 하나님께 순종한 사람

신약편

학습목표 : 요셉과 같이 사람을 배려하고 하나님께 순종하는 것이 나에게도 기쁨이 되는 것을 깨닫고 이를 실천하는 사람이 된다.

중심진리 : 사람을 배려하고 하나님께 순종하는 믿음을 가진 의로운 사람 요셉

본문말씀 : 마태복음 1:18-25

Memory Verse

"요셉이 잠에서 깨어 일어나 주의 사자의 분부대로 행하여 그의 아내를 데려왔으나 아들을 낳기까지 동침하지 아니하더니 낳으매 이름을 예수라 하니라(마 1:24-25).

Question About It

예수의 아버지, '요셉'은 누구입니까?

① 요셉은 '여호와께서 더하실 것이다, 여호와의 돕는 자'란 뜻입니다.

② 다윗의 혈통으로 (   )의 아들이며 마리아의 남편입니다(마 1:16).

③ (   )에 거주했고(눅 2:4), 직업은 목수였습니다.

View of Bible

어느 날, 믿음의 가문에서 자란 요셉에게 고민이 생겼습니다. 어제까지 요셉은 마리아와 약혼을 한 후 함께 살 집과 터전을 마련하느라 바쁜 나날을 보내고 있었습니다. 그런데 마리아가 임신했다는 이야기를 듣게 된 것입니다. 마리아가 천사 가브리엘의 이야기와 더불어 이 아기는 성령에 의해 잉태된 하나님의 아들이라고 말했지만 모든 것이 도무지 믿기 어려웠습니다. 어떤 설명이든 요셉에게 마리아의 임신은 불쾌한 상황이었습니다. 만약 요셉이 이 일을 문제 삼아 마리아에게 화를 내거나 사람들에게 마리아의 임신 소식을 알려 돌에 맞아 죽게 된다고 해도 사람들은 요셉을 나무라지 않을 것입니다. 그러나 요셉은 그렇게 하지 않았습니다. 이러저러한 생각 끝에 마리아의 임신을 소문내지 않고 조용히 파혼해야겠다고 생각했습니다. 요셉은 고민에 잠겨 잠이 듭니다.

마태복음 1장은 예수님의 족보가 소개되고 곧이어 예수님의 잉태와 관련되어 아버지 요셉의 이야기가 나옵니다. 족보를 통해 요셉은 아브라함과 다윗의 자손이며 마리아의 남편으로 마리아를 통해 그리스도라 칭하는 예수가 태어난다고 소개합니다.

Learn of Bible

말씀 탐구

1. 꿈에 나타난 주의 사자는 요셉에게 마리아의 임신과 아기에 대해 설명해 줍니다. 성경을 따라 읽으며 빈칸을 채워주세요.

"다윗의 자손 요셉아 네 아내 마리아 데려오기를 무서워하지 말라 그에게 잉태된 자는 성령으로 된 것이라 아들을 낳으리니 이름을 ______________라 하라 이는 그가 __________________ 이심이라 하니라 이 모든 일이 된 것은 주께서 선지자로 하신 말씀을 이루려 하심이니 이르시되 보라 처녀가 잉태하여 아들을 낳을 것이요 그의 이름은 _____ ________이라 하리라 하셨으니 이를 번역한즉 ___________________ 함이라"(마 1:20-23).

2. 잠에서 깬 요셉은 어떻게 하나요?(마 1:24-25)

____

요셉은 마리아와 결혼해 정식으로 데려오기를 결정합니다. 이제 마리아는 요셉의 아내가 되었습니다. 아들이 태어나자 천사의 명령대로 '예수'라고 이름 지어줌으로 예수님은 정식으로 요셉의 아들로서 다윗의 계보에 오릅니다.

3. 이후에도 주의 사자는 요셉의 꿈에 나타나 두 번의 명령을 더 합니다. 그때마다 요셉은 어떻게 했나요?(마 2:13-14, 19-21)

____

요셉은 그의 평생에 주의 사자로부터 3번의 명령을 듣습니다. 요셉은 그때마다 머뭇거리지 않고 즉시 그 말씀에 순종했습니다. 주의 사자 뒤에 계신 하나님을 향한 요셉의 분명한 순종과 믿음을 볼 수 있는 부분입니다.

4. 성경은 요셉을 '의로운 사람' 이라고 소개하고 있습니다(마 1:19). 왜 그런 것 같은지 오늘 공부한 내용을 바탕으로 여러분의 생각을 적어보세요.

Application of Bible

1. 요셉과 같이 다른 사람을 먼저 배려한 경험이 있다면 이야기해 보세요.

2. 요셉과 같이 하나님의 말씀(설교말씀, 성경읽기, 기도, Q.T.에서 깨달은 사실)에 곧바로 순종한 경험이 있다면 나누어 보세요.

Tip of Bible

마리아와 요셉 시대 '약혼'

마리아와 요셉 시대 '약혼'은 오늘날의 '약혼'과는 다른 의미입니다. 당시의 유대사회에서 '약혼'은 증인들 앞에서 행해지는 정식결혼 전 의식으로서 남자에게 여자에 대한 법적인 권리를 부여했습니다. 그러므로 '약혼'은 구속력 있는 법적 계약이며 증인들 앞에서 공식적인 이혼 절차를 밟아야지만 파기될 수 있었습니다. 만약 정혼한 여자가 간음을 하면 그것은 이혼사유에 해당될 뿐만 아니라 간음죄로 다스려졌습니다. 약혼한 후에도 결혼할 때까지 친정에 머물러 있어야 하지만 '남편'과 '아내'라는 말은 두 사람 사이에 적용될 수 있었고, 약혼 기간 중 배우자가 사망한다면 '홀아비'나 '과부'로 불렸습니다. 신약시내 '약혼'은 양가 부모님의 주선으로 이루어졌고 1년 후 정식결혼이 이루어졌습니다.

약혼을 통한 법적인 남편으로서 요셉의 위치와 마리아의 입장을 생각한다면 요셉과 마리아는 참으로 어려운 믿음의 결정을 했다는 것을 발견할 수 있습니다.

제 3 과 침례(세례) 요한

자신을 낮추고 예수님을 높인사람

학습목표 : 침례(세례) 요한과 같이 자신을 낮추고 예수님을 높이는 사람이 되기를 결심한다.

중심진리 : 주의 길을 곧게 하는 사명을 감당하기 위해 자신을 낮추고 예수님을 높인 침례(세례) 요한

본문말씀 : 요한복음 1:19-34

Memory Verse

"이르되 나는 선지자 이사야의 말과 같이 주의 길을 곧게 하라고 광야에서 외치는 자의 소리로라 하니라"(요 1:23).

Question About It

'침례(세례) 요한' 은 누구입니까?

① 요한은 '여호와는 은혜로우시다' 라는 뜻입니다.

② 아버지는 아비야 계열의 제사장인 (   )이고 어머니는 아론 가문의 (   )으로 주의 계명과 규례대로 흠 없이 행했던 의롭고 경건한 부모님 밑에서 성장합니다(눅 1:5-6).

③ 구약의 마지막 (   )(마 11:13)이며 마지막 나실인(눅 1:15-16)입니다.

View of Bible

누가복음 1장에서 침례(세례) 요한은 천사 가브리엘의 예언을 따라 오랜 세월 아이를 낳지 못했던 어머니에게서 기적같이 태어났습니다. 천사에 의해 '요한'이라 이름 지어졌고 나실인으로 살 것과 엘리야의 심령과 능력으로 주를 위하여 세운 백성을 준비할 것이라고 예언되었습니다. 그는 약대털을 입고 허리에 가죽띠를 띠고 메뚜기와 석청을 먹었으며 광야에서 회개의 침례(세례)를 전파했는데 온 유대 지방과 예루살렘 사람들이 나아가 자기 죄를 자복하고 요단강에서 그에게 침례(세례)를 받았습니다. 그러나 침례(세례) 요한에게 열광하는 사람들에게 자신은 결코 그리스도가 아니라고 말하였고 평생 하나님께서 주신 사명인 주의 길을 예비하는 신지자로 살았습니다. 침례(세례) 요한은 갈릴리와 베뢰아의 분봉왕이었던 헤롯 안디바가 동생의 아내였던 헤로디아와 결혼하는 것을 책망한 일로 감옥에 갇혔다가 억울하게 죽임을 당했습니다.

Learn of Bible

말씀탐구

1. 첫째 날, 침례(세례)를 베풀던 곳 요단 강 건너편 베다니(요 1:19-28)

침례(세례) 요한은 그의 가르침에 열광하는 사람들에 의해 큰 인기를 얻었고 많은 사람들은 침례(세례) 요한에게 침례(세례)를 받기 위해 몰려들었습니다. 어떤 사람들은 그를 '메시아'라고 하고 또 어떤 이들은 '엘리야'나 '선지자'라고 했습니다. 침례(세례) 요한에 대한 소문은 예루살렘에 있는 높은 사람들의 귀에까지 들어갔습니다. 드디어 예루살렘에서 제사장들과 레위인들로 구성된 조사단을 침례(세례) 요한에게 파견했습니다. 조사단의 서기가 되어 이들의 대화를 기록해보세요.

조 사 단 : 너는 누구냐?

침례(세례) 요한 : ______________________ (요 1:20)

조 사 단 : 그러면 누구냐 네가 엘리야냐?

침례(세례) 요한 : ______________________ (요 1:21)

조 사 단 : 네가 그 선지자냐?

침례(세례) 요한 : ______________________ (요 1:21)

조 사 단 : 너는 누구냐? 우리를 보낸 이들에게 네가 누구인지 답을 가져가야 한다. 너는 너를 무엇이라 하느냐?

침례(세례) 요한 : ______________________________________ (요 1:23)

조 사 단 : 네가 그리스도도 아니요 엘리야도 아니요 그 선지자도 아닌데 어째서 침례(세례)를 베푸느냐?

침례(세례) 요한 : ______________________________________

______________________________________ (요 1:26-27)

침례(세례) 요한은 자신이 그리스도(메시아)가 아니라는 것을 분명히 합니다. 그는 자신의 정체에 대한 사람들의 어떠한 추측도 부인하고 있습니다. 여기서 우리는 이스라엘 백성에게 추앙받던 침례(세례)요한이 주위의 시선에 아랑곳하지 않고 자신을 철저히 낮추며 메시아를 높이고 있음을 볼 수 있습니다. 그리고 요한이 얼마나 자신의 사명에 충실한 사람인지도 잘 알 수 있습니다.

2. 둘째 날, 요단강(요 1:29-34)

드디어 침례(세례) 요한은 자기에게 나아오시는 예수님을 뵙게 됩니다. 요한은 예수님이 지신이 기다렸던 그분임을 한눈에 알아봅니다. 곧바로 오랫동안 기다렸던 메시아에 대한 분명한 고백을 합니다. 이제 성경을 읽고 우리가 침례(세례) 요한이 되어 예수님에 대해 고백한 내용을 기록해보세요.

"보라 세상 죄를 지고 가는 ____________________이로다"(요 1:29).

"내가 보매 _____________ 이 비둘기 같이 하늘로부터 내려와서 그의 위에 머물렀더라"(요 1:32).

"나도 그를 알지 못하였으나 나를 보내어 물로 침례(세례)를 베풀라 하신 그이가 나에게 말씀하시되 성령이 내려와서 누구 위에든지 머무는 것을 보거든 그가 곧 성령으로 침례(세례)를 베푸는 이인 줄 알라 하셨기에 내가 보고 그가 ______________이심을 증언하였노라 하니라"(요 1:32-34).

3. 침례(세례) 요한이 되어보기

만약 내가 침례(세례) 요한이라면 사람들로부터 존경과 사랑을 받을 때, 요한처럼 담담히 예수님만을 높일 수 있을지 생각해 보세요.

____

Application of Bible

침례(세례) 요한과 같이 나를 낮추고 예수님을 높이는 방법에는 어떤 것들이 있는지 생각해 보세요. 그리고 구체적으로 가정과 학교와 교회에서 할 수 있는 일들을 생각해보고, 이 중에서 자신 있게 할 수 있는 한 가지를 정해보세요.

Tip of Bible

'나실인'이란?(민 6:1-21)

'바친다, 헌신한다'라는 뜻을 가진 단어에서 파생된 말로 '구별된 자'라는 의미입니다. 특별한 서약을 통해 세상과 단절하고 스스로를 구별하여 하나님께 자신을 봉헌한 자를 말하는데 평생 혹은 일정한 기간을 정해 나실인의 서원을 할 수 있었습니다. 민수기 6장에는 나실인에 대해 자세히 나와 있는데 남자나 여자가 특별한 서원, 곧 나실인의 서원을 하고 자기 몸을 구별하여 여호와께 드리면 포도나무에서 나는 모든 소산물은 먹을 수 없었고 서원한 기간동안 머리에 삭도를 대지 않고 여호와께 구별한 날이 차기까지 머리털을 길게 자라게 했고 시체를 가까이해서는 안 되었습니다.

우리가 알고 있는 사사 삼손과 선지자 사무엘, 침례(세례) 요한 등이 평생 나실인으로 하나님께 자신을 드린 사람들인데 삼손과 사무엘은 그들의 어머니가 나실인으로 서원했고, 침례(세례) 요한은 천사 가브리엘의 예언에 의해 나실인이 되었습니다.

신약편 2단원

그들만의 세상

단 원 주 제	예수님의 사역을 훼방했던 유대교 무리들
단 원 해 설	예수께서 공생애 사역을 하시는 동안 예수님을 시기하고 훼방했던 유대교 무리들-바리새인, 사두개인, 율법교사-을 통해 우리의 신앙을 점검해봅니다.
중 심 구 절	"내가 너희에게 이르노니 너희 의가 서기관과 바리새인보다 더 낫지 못하면 결코 천국에 들어가지 못하리라"(마 5:20).
단원 학습목표	유대교 무리들의 잘못된 신앙을 통해 우리의 신앙을 점검해봅니다.
단원 핵심정리	유대교 무리들의 잘못된 신앙

단 원 소 개

예수님은 하나님 나라를 선포하시면서 공생애 사역을 시작하십니다. 말씀을 선포하시고 병든 자를 치유하시는 과정에서 사람들은 그 말씀과 능력에 열광했고 수많은 사람들이 예수님을 쫓았습니다. 기존 유대교의 지도자이며 사회지도층이었던 사람들은 이런 모습에 시기를 느꼈고 예수님의 가르침과 행동에 분노를 키워갔습니다. 이들은 가만있지 않고 예수님을 염탐하고 쫓아다니며 예수님의 사역을 훼방합니다.

2단원에서는 예수님의 사역을 훼방했던 유대교 무리들에 대해서 배울 것입니다. 4과에서는 율법에 얽매여 진리이신 예수님을 죽이려는 바리새인들을 살펴보고, 5과에서는 현실의 이익에 눈이 먼 사두개인을 공부하며 6과에서는 성경과 율법에 능통하지만 행함이 없는 사회지도층인 율법교사의 모습을 살펴볼 것입니다.

제 4 과 바리새인 자신만이 옳다고 생각한 사람들

신약편

학습목표 : 생각의 중심에 내가 아니라 하나님이 계셔야 함을 깨닫는다.

중심진리 : 율법주의에 빠져 하나님의 구원활동을 배척하는 바리새인

본문말씀 : 마가복음 3:1-6

Memory Verse

"바리새인들이 나가서 곧 헤롯당과 함께 어떻게 하여 예수를 죽일꼬 의논하니라" (막 3:6).

Question About It

'바리새인' 은 누구입니까?

① 이름의 뜻은 ( )입니다.

② 에세네파, 사두개파와 함께 유대 3대 분파 중의 하나이며 회당조직을 통해 신약시대 가장 큰 세력을 가지고 영향력을 발휘했던 사람들입니다.

③ 율법을 엄격하게 지켰던 사람들로서 일반 유대인들의 존경을 받았으나, 율법과 전통을 너무 중시한 나머지 예수님께 ( )이라는 책망을 들었습니다.

④ 니고데모와 사도 바울도 ( )이었습니다.

View of Bible

예수님은 갈릴리에서 하나님 복음을 전파하며 "때가 찼고 하나님 나라가 가까이 왔으니 회개하고 복음을 믿으라"고 선포하셨습니다. 이후 제자들을 부르셨고 하나님의 구원활동을 하셨습니다. 마가복음에 등장하는 첫 번째 사역은 안식일에 가버나움 회당에서 귀신들린 사람을 쫓아내신 것인데 이로 인해 예수님에 대한 소문이 온 갈릴리에 퍼졌고 예수님의 인기는 날로 더해 갔습니다.

이러한 예수님의 사역을 질투하는 무리들이 생겼는데 바로 바리새인들이었습니다. 그들은 당시 이스라엘의 종교세력으로서 자신들만이 유일한 '성경의 해석자'로 여겼습니다. 그런데 예수님의 등장으로 과거 자신들에게 쏟아지던 백성의 존경이 예수님께 돌아가자 예수님에 대한 미움을 가지게 되었습니다. 뿐만 아니라 자신들이 생명과 같이 소중하게 여기는 율법과 전통을 무시하는 예수님의 태도에 견딜 수 없는 분노를 키워갔습니다. 그래서 그들은 예수님을 몰래 미행하며 그에게 불법적인 행위가 있는가를 조사했습니다.

Learn of Bible

말씀탐구

1. 오늘은 안식일입니다. 예수님이 회당에 들어가셨을 때 한쪽 손 마른 사람이 있었습니다. 그런데 예수님을 엿보는 사람도 있었습니다. 3장 2절에 '주시하고 있거늘' 은 원어의 의미상 '사람들이…엿보거늘' 의 뜻입니다. 엿보던 그들은 누구이며, 왜 예수님을 엿보고 있었을까요?(막 3:1,2,6)

이들은 악의적인 의도를 가지고 예수님을 숨어서 엿보고 있었습니다. 예수님이 안식일에 어떤 일을 하시면 안식일 율법을 위반했다는 올가미를 씌워 예수님을 기소하려는 것입니다.

2. 바리새인들이 엿보고 있는 것을 아시고도 예수님은 손 마른 사람을 한가운데 세우십니다. 그리고 4절에서 두 가지를 질문하십니다. 이 중 첫 번째가 "안식일에 선을 행하는 것과 악을 행하는 것, 어느 것이 옳으냐" 였습니다. 예수님의 생각과 바리새인의 생각이 어떠할지 보기에서 골라 기호를 적어주세요.

	선을 행하는것	악을 행하는것
예수님		
바리새인		

보기

㉠ 어떤 상황에도 안식일의 율법을 지키는 것 ㉡ 손 마른 사람 치료를 통한 하나님의 구원선포
㉢ 하나님의 일보다 율법을 더 중요시하는 것 ㉣ 무조건 안식일의 율법을 지키지 않는 것

3. 예수님은 두 번째 질문으로 "안식일에 생명을 구하는 것과 죽이는 것, 어느 것이 옳으냐"고 물으십니다. 만약 당신이 이 상황을 보고 있던 사람이라면 당신은 어떻게 대답하겠습니까?

예수님을 고발하고자했던 바리새인조차 예수님의 이 질문에서 말문이 막혔습니다. 그들은 유대 율법에 정통했던 사람들이었기 때문에 '기존의 일반법은 안식일 규례가 생명을 구하는 경우에 철회될 수 있으며, 오히려 철회되어야만 한다'는 것을 알았습니다. 그러므로 바리새인들이 전통적으로 지켰던 율법을 보아도 안식일에 선을 행하고 생명을 구하는 예수님의 행동은 전혀 문제가 없는 것입니다.

4. 예수님은 바리새인들의 완악한 마음을 아시고, 숨어서 엿보던 그들을 탄식하고 노하심으로 둘러보셨습니다. 그리고는 "네 손을 내밀라"고 말씀하셨습니다. 손 마른 사람의 손은 예수님의 능력으로 회복되었습니다. 이 모습을 지켜보던 회당 안에 있던 사람들은 치료의 기적을 보며 환호하고 하나님을 찬양했을 것입니다. 그러나 처음부터 모든 상황을 숨어서 엿보던 바리새인들은 무엇을 합니까?(막 3:6)

율법 앞에서도 당당한 예수님의 모습에 자신들만이 '율법의 해석자'라고 여겼던 바리새인들은 시기와 미움을 느꼈을 것입니다. 많은 사람들은 예수님의 능력을 보며 감탄하고 놀라워했지만 바리새인들은 자신들의 생각에 묶여 예수님을 미워하고 정죄했습니다.

Application of Bible

1. 바리새인들이 예수님을 통해 보여주시는 하나님의 구원활동을 바로 보지 못하는 이유가 무엇일까요?

2. 바리새인과 같이 되지 않기 위해 우리 생각의 중심에 무엇이 있어야 할까요? 그리고 그렇게 생각하기 위한 방법에는 어떤 것이 있을까요?

Tip of Bible

'예수라면 어떻게 할 것인가?'

위와 같은 질문을 매일 던지며 1년간 예수님의 발자취를 그대로 따르는 사람들이 있다면 세상은 어떻게 변할까요? 위의 질문은 책의 제목입니다. 책의 주인공인 맥스웰 목사님은 가난 때문에 아내와 하나 밖에 없는 자식마저 잃고 일자리도 없이 좌절과 슬픔에 잠긴 인쇄공을 만나게 됩니다. 이를 통해 목사님은 그리스도인이 현실생활에서 믿음과 사랑으로 산다는 것이 무엇인지 깊이 고민하게 됩니다. 그 후 그 인쇄공마저 죽게 되는 비극적인 상황을 보면서 '예수님이라면 어떻게 하실까?' 란 질문을 던지면서 살기로 각오합니다. 그리고 교인들에게 같은 질문으로 도전을 줍니다. 이 말씀을 듣고 감동받은 교인 수십 명이 앞으로 1년간 그렇게 살기로 작정합니다. 그리고 그 후 이 사람들의 삶이 구체적으로 변화되는 이야기입니다. 예수님을 믿는 것은 명사(Noun)인 동시에 동사(Verb)입니다. 마음으로 믿고 사랑하는 동시에 매일 삶 속에서 실천되어져야 하는 행동입니다. 우리의 매일 삶 속에서 '예수님이라면 어떻게 하실까요?' 가 질문되어지고 이것에 대한 응답으로의 삶을 산다면, 분명 우리의 내일은 달라질 것입니다.

제 5 과 사두개인 현실의 이익에 눈 먼 사람들

학습목표 : 성경과 하나님의 능력을 알기 위해 매일 하나님을 만나는 방법을 찾아본다.

중심진리 : 현실주의에 빠져 성경과 하나님의 능력을 몰랐던 사두개인

본문말씀 : 마가복음 12:18-27

Memory Verse

"예수께서 이르시되 너희가 성경도 하나님의 능력도 알지 못하므로 오해함이 아니냐" (막 12:24).

Question About It

'사두개인' 은 누구입니까?

① 명칭은 다윗, 솔로몬시대 세사장이었던 사독에게서 유래되었다고 봅니다(왕상 1:38).

② 부유한 귀족지배계층으로 (   )과 (   )로 이루어진 집단이었고 산헤드린의 많은 자리를 차지하고 있었습니다.

③ 구전 율법은 받아들이지 않고 (   )만을 인정하였습니다.

④ 내세와 부활, 영적세계, 천사의 존재를 믿지 않고 지극히 (   )이었습니다.

View of Bible

예수님의 또 다른 대적자들이었던 사두개인들은 부활도 내세도 영적세계도 천사의 존재조차 믿지 않았습니다. 그들에게 중요한 것은 '현재의 풍요로운 삶' 이었고, 이 땅에서의 부와 풍요와 권력을 쫓아 살았습니다. 자신들의 국가가 로마의 지배를 받는 상황에서도 이들은 이스라엘 민족의 독립에는 관심이 없었습니다. 오히려 로마의 높은 사람들과 친해져 자신들이 높은 자리를 차지하는 것에 관심이 있었습니다. 이들은 예루살렘의 권력가로서 행세하면서 가난하고 억압받는 자기 민족 위에 군림했습니다. 이런 사두개인들에게 예수님이 선포하신 '하나님의 나라' 에 대한 가르침은 거슬리는 것이었습니다. 자신들은 이미 '로마의 나라' 가 되어버린 예루살렘에서 풍요롭고 만족한 삶을 누리고 있었기 때문입니다. 이유는 달랐지만 그들 역시 바리새인과 같이 호시탐탐 예수님을 없애고 싶어했습니다. 그러던 어느 날, 사두개인들은 나쁜 의도를 가지고 예수님을 찾아가 함정이 있는 질문을 던집니다.

Learn of Bible

말씀 탐구

1. 사두개인들의 질문(막 12:19-23)

사두개인들은 부활, 내세, 영적 존재를 믿지 않았습니다. 단지 예수님을 웃음거리로 만들기 위해 함정이 있는 질문을 합니다.

"선생님, 모세가 우리에게 써 주기를 어떤 사람의 형이 자식이 없어 아내를 두고 죽으면 그 동생이 그 아내와 결혼해서 아이를 낳아 형을 위하여 ________________를 세우라고 하였습니다.

__________가 있는데 맏이가 아내를 취하였다가 상속자가 없이 죽고 둘째도 그 여자와 결혼했지만 상속자가 없이 죽고 셋째도 그렇게 하여 일곱이 다 상속자가 없었고 최후에 여자도 죽었습니다. 일곱 사람이 다 그녀와 결혼했는데 부활 때 곧 그들이 살아날 때에 그 중에 _______________가 됩니까?"

2. 예수님의 대답(막 12:24-27)

"너희가 ___________도 _____________도 알지 못하므로 오해함이 아니냐. 사람이 죽은 자 가운데서 살아날 때에는 장가도 아니 가고 시집도 아니 가고 하늘에 있는 ___________과 같으니라. 죽은 자가 살아난다는 것을 말할진대 너희가 모세의 책 중 가시나무 떨기에 관한 글에 하나님께서 모세에게 이르시되 나는 아브라함의 하나님이요 이삭의 하나님이요 야곱의 하나님이로라 하신 말씀을 읽어보지 못하였느냐 하나님은 죽은 자의 하나님이 아니요 _________________이시라 너희가 크게 오해하였도다."

예수님은 사두개인들이 믿는 모세오경을 근거로 말씀하십니다. 모세오경에서 하나님은 스스로를 '아브라함의 하나님, 이삭의 하나님, 야곱의 하나님'으로 규정하셨습니다. 그리고 하나님은 산 자의 하나님이십니다. 죽은 자의 부활이 없다면 하나님은 '아브라함의 하나님, 이삭의 하나님, 야곱의 하나님'이라고 당신 스스로를 규정할 수 없습니다. 왜냐하면 그들은 이미 죽어서 볼 수 없기 때문입니다. 이것은 논리상 그들이 다시 살아날 것임을 암시하는 것입니다.

3. 사람들의 반응

여러분이 사두개인들의 악한 의도를 가진 질문과 예수님의 현명한 대답을 옆에서 들은 청중이라고 생각해 보세요. 누가 웃음거리가 되었을까요? 듣고 있던 사람들이 어떻게 말했을지 상상해서 써보세요.

Application of Bible

1. 사두개인들은 성경도 하나님의 능력도 알지 못한다는 책망을 들었습니다. 그렇다면 우리는 성경과 하나님의 능력을 알고 있습니까? 알고 있다면 어떤 방법을 통해 알게 되었는지 아래 보기에서 자신이 체험한 방법에 솔직하게 체크해 보세요.

㉠ 주일예배 참석 ㉡ 매일 성경읽기 ㉢ 매일 찬양하기
㉣ 매일 감사하기 ㉤ 매일 기도하기 ㉥ 항상 기뻐하기
㉦ 어려울 때 하나님 의지하기 ㉧ 교회 봉사하기

2. '성경과 하나님의 능력을 알아감'에 있어 자신에게 부족한 부분은 어떤 것이 있었는지 생각해 보세요.

Tip of Bible

매일 밤마다 모이는 이상한 가족, 소진이네 이야기

충남 광천에는 매일 밤마다 모이는 이상한 가족이 있습니다. 바로 소진이네 가족입니다. 이제 고1인 소진이와 초등학생인 두 남동생은 밤이면 까만 책을 손에 들고 한 방에 모입니다. 그 책은 바로 성경책입니다. 밤이면 성경을 들고 앉아 읽기 시작합니다. 매일 정한 분량의 성경을 다 읽고 나면 가족들은 그제야 이불이 깔린 각자의 방으로 흩어집니다. 그리고 이불 위에서 무릎을 꿇고 기도를 합니다. 기도가 끝나면 잠을 잡니다. 이것은 소진이네의 매일 밤 풍경입니다. 소진이네의 아침도 기도로 시작합니다. 소진이네는 누구라도 일어나면 이불 위에서 잠자기 직전의 모습 그대로 무릎을 꿇고 기도를 합니다. 하루 일과가 지나고 밤이 되면 또다시 가족이 모여 성경을 읽습니다. 성경을 다 읽고 나면 이불 위에서 기도하고 잠이 듭니다. 이것은 소진이 가족이 매일 살아계신 하나님을 만나는 방법입니다.

우리 모두는 매일 살아계신 하나님을 만나야 합니다. 여러분은 어떤 방법으로 하나님을 매일 만나고 있습니까?

제 6 과 율법교사 성경을 알고도 실천하지 않은 사람들

신약편

학습목표 : 성경을 아는 만큼 실천하는 것이 참된 믿음임을 안다.

중심진리 : 성경에 대한 지식은 많으나 실천이 없는 율법교사

본문말씀 : 누가복음 10:25-37

Memory Verse

"예수께서 이르시되 네 대답이 옳도다 이를 행하라 그러면 살리라 하시니"(눅 10:28).

Question About It

'율법교사'는 누구인가?

① 율법, 특히 모세율법을 전문적으로 가르치는 ( )입니다.

② 서기관이라고도 불렀으며 이들은 주로 ( )에 속해 있었습니다.

③ 유대사회에서는 바리새인, 사두개인들과 같은 ( )이었습니다.

View of Bible

유대인들의 율법에 대한 순종은 하나님의 은혜에 감사드리는 것이었고 하나님을 영화롭게 하는 수단이었으며 하나님과 맺은 언약의 약속들이 실현되기 위해 필수적인 것이었습니다. 그러므로 유대인들에게 율법을 지키는 것은 하나님과의 언약을 지키는 일로 받아들여졌습니다. 당연히 성경과 율법을 연구하는 사람들은 백성의 존경과 사랑을 받았습니다. 이스라엘이 나라를 잃고 이방인의 땅에서 포로생활을 할 때부터 유대인들은 율법교사들의 가르침과 자문을 듣고 살아왔습니다. 그랬기 때문에 백성에게 율법교사들은 중요한 존재였습니다.

안타깝게도 율법교사들 중에는 예수님의 가르침에 반대하는 사람들이 많았습니다. 이들이 예수님을 인정하지 않은 이유는 예수님이 하나님을 대변하여 말하고 행동하셨기 때문입니다. 이들이 볼 때 이러한 가르침은 너무나 위험한 것이었고 사회 하층민들과 자주 교제하는 모습 역시 거슬리는 것이었습니다.

Learn of Bible

말씀탐구

1. 율법교사의 첫 번째 질문

율법교사가 일어나 예수님을 시험하려고 질문을 합니다. "선생님 내가 무엇을 하여야 영생을 얻으리이까?"(눅 10:25) 이 질문에 예수님은 대답 대신 질문을 하십니다. "율법에 무엇이라고 기록되었으며 네가 어떻게 읽느냐?"

율법학자는 어떻게 대답했는지 아래의 빈칸을 채워주세요.

"네 __________을 다하며 __________을 다하며 __________을 다하며 __________을 다하여 주 너의 하나님을 __________하고 또한 네 이웃을 네 __________같이 __________하라 하였나이다" (눅 10:27).

예수님은 율법교사에게 "네 대답이 옳도다 이를 행하라 그러면 살리라"(눅 10:28)고 말씀하십니다.

2. 율법교사의 두 번째 질문

율법교사는 예수님의 가르침 앞에 자신을 옳게 보이려고 내 이웃이 누구인지 다시 질문합니다. 이에 예수님은 비유로 말씀하십니다.

(1) 이야기를 듣고 아래의 빈칸을 채워 문장을 완성해주세요(눅 10:30-37).

강도당한 사람을 보자 __________과 __________은 피해 지나갔고 __________은 그를 불쌍히 여겨 진심을 다해 도와주었습니다.

(2) "이 세 사람 중 누가 강도 만난 자의 이웃이 되겠느냐?"고 예수께서 물으시자 율법교사는 "사마리아인입니다"라고 대답하지 않고 "자비를 베푼 자입니다"라고 대답합니다. 그렇게 대답한 이유가 무엇일지 적어보세요.

율법교사는 성경과 율법에 능통한 사람입니다. 그러나 그는 생각과 행동이 다른 사람이었습니다. 그는 누가 이웃이 되는지 알고 있었음에도 사실을 인정하지 않는 옹졸하고 부끄러운 대답을 하게 됩니다.

3. 예수님은 마지막으로 율법교사에게 무엇이라고 말씀하십니까? (눅 10:37)

율법교사는 자신과 자신의 무리가 하나님을 아는 참된 지식을 대표한다고 생각했습니다. 그러나 예수님을 시험하기 위한 대화 속에서 자신이 아는 것은 많으나 실천이 부족한 사람임을 지적받게 됩니다. 믿음에서 중요한 것은 성경을 아는 그만큼 실천하는 것입니다.

Application of Bible

율법교사에게 하신 예수님의 가르침은 우리에게도 똑같이 적용됩니다. 자신의 신앙생활에서 성경을 아는 그만큼 실천이 잘 안 되는 부분에는 어떤 것이 있는지 나누어보고 어떻게 고칠 수 있을지 생각해 보세요.

Tip of Bible

역사 속에서의 율법교사(서기관)

고대 근동 문명에서는 문필기술을 높이 평가했기 때문에 율법교사(서기관)들은 중요한 사회구성원이었습니다. 구약시대 이들은 공적자료를 기록하고 복사하는 것으로 시작해 고위 공직을 차지했습니다. 성경에 능통했기 때문에 제사장과 레위인의 계승자로서 율법의 해석자가 되었습니다. 이스라엘 포로시기에 조국을 잃고 이방 지역을 떠돌며 살던 유대인들은 율법해석을 서기관들에게 의존했기 때문에 그들은 명철한 현자로 인정받았습니다. 구약의 인물로는 예레미야서를 받아 적은 바룩(렘 36:4, 18), 제사장이며 서기관이었던 에스라가 있습니다.

율법학자(교사)의 일부는 귀족 제사장 계급출신도 있었지만 서기관, 평범한 제사장, 낮은 성직자 계급출신이었고 대다수는 사회의 모든 영역에서 배출되었습니다. 이들의 주요 직무는 율법의 해석과 보존, 율법교육, 재판관으로서의 역할, 신학자로서의 교리연구, 전승의 보호, 성경을 글로 복사하는 등 성경과 율법에 대한 여러 분야가 있었습니다. 예수님 당시에도 율법교사들은 율법의 해석자로 백성의 존경과 인정을 받았습니다.

신약편 **3**단원

이적의 중심에서

단 원 주 제 예수님의 은혜에 반응한 믿음의 사람들

단 원 해 설 예수님은 공생애 기간동안 수많은 사람들을 가르치셨고 치유하셨습니다. 이들 가운데 예수님의 은혜에 바른 신앙의 모습으로 반응한 믿음의 사람들–사마리아인 나병환자, 막달라 마리아, 삭개오–을 살펴봅니다.

중 심 구 절 "예수께서 이르시되 오늘 구원이 이 집에 이르렀으니 이 사람도 아브라함의 자손임이로다 인자가 온 것은 잃어버린 자를 찾아 구원하려 함이니라"(눅 19:9–10).

단원 학습목표 예수님의 은혜에 반응한 믿음의 사람들이 가졌던 바른 신앙의 태도를 배웁니다.

단원 핵심정리 예수님의 능력과 은혜를 입은 사람들의 바른 신앙

단 원 소 개

예수님은 공생애 기간동안 수많은 사람들을 가르치셨고 치유하셨습니다. 앉은뱅이가 걷고 눈 먼 자가 눈을 뜨고 죽은 자가 살아나는 놀라운 이적을 경험한 사람도 있었고 예수님의 인격과 말씀 앞에 자신의 삶이 변하는 내면적 변화를 경험한 사람들도 있었습니다. 3단원에서는 이러한 변화를 경험한 사람들의 이야기를 살펴보려고 합니다.

7과에서는 고침받은 10명의 나병환자 중에서 예수님께 감사하러 돌아온 1명의 사마리아 사람을 통해 구원의 수혜자가 되는 것에는 인종이 의미 없음을 살펴보고, 8과에서는 막달라 마리아가 예수님의 십자가 처형 이후에 예수님에 대한 믿음과 사랑으로 무덤을 찾아가 부활하신 예수님의 첫 번째 목격자이며 증인이 되는 과정을 공부합니다. 9과에서는 부정과 사람들의 미움으로 영혼이 상처받았던 삭개오가 예수님을 만남으로 삶의 변화를 결단하는 모습을 살펴볼 것입니다.

제 7 과 사마리아인 나병환자

신약편

진정한 감사로 구원받은 사람

학습목표 : 모든 인종을 차별 없이 사랑하시고 구원해 주시는 하나님의 사랑을 안다.

중심진리 : 사마리아인 나병환자는 우리와 동일하게 은혜로 구원받은 백성이다.

본문말씀 : 누가복음 17:11–19

Memory Verse

"그에게 이르시되 일어나 가라 네 믿음이 너를 구원하였느니라 하시더라"(눅 17:19).

Question About It

'사마리아인'은 어떤 사람입니까?

① 사마리아 성읍이나 사마리아 지역에 사는 사람을 지칭하는 말입니다.

② 앗수르 포로기 이후 사마리아에 사는 유대인들은 이주해 온 (　　　　　　　　)과 결혼했습니다.

③ 유대인들은 인종과 종교에서 이교도라 생각해 (　　　　　　　　)을 멸시했습니다(요 4:9).

View of Bible

예수님은 갈릴리에서 출발해 예루살렘으로 가시는 여행 중에 사마리아와 갈릴리 사이로 지나가시다가 한 촌에 들어가십니다. 그 주변에 있던 나병환자들은 소문을 통해 예수님의 놀라운 기적이야기를 듣고 자신들도 예수님을 만나면 불치병인 나병도 나을 수 있을 것이라는 기대를 가지고 있었습니다. 그러던 중, 지나가시는 예수님을 발견하고 너무나 기쁜 마음에 큰 소리로 예수님을 부릅니다. 나병환자들은 다른 사람들로부터 스스로를 격리시켜야 했기 때문에 멀리서서 예수님께 크게 소리칩니다. "예수 선생님이여! 우리를 긍휼히 여기소서!" 예수님은 소리치는 그들을 바라보십니다. 예수님을 만난 10명의 나병환자들에게 어떤 일이 일어날지 성경 속으로 들어가 보세요.

Learn of Bible

말씀탐구

1. 예수께서 예루살렘으로 여행하시는 중에 사마리아와 갈릴리 사이를 지나가게 되고 거기서 나병환자 10명을 만나게 됩니다. 나병환자들은 율법에 의해 일반인들과 섞여 살 수 없었기 때문에 마을과 떨어진 곳에 거주해야 했습니다. 사마리아와 갈릴리 사이에 모여 있던 나병환자들은 사마리아인일까요? 유대인일까요?

2. "예수 선생님이여! 우리를 긍휼히(불쌍히) 여기소서!"라고 외치는 나병환자들에게 예수님은 "가서 제사장들에게 너희 몸을 보이라"고 하셨습니다. 나병환자들의 몸은 언제 깨끗해졌습니까?(눅 17:13-14)

예수님은 아직 몸이 낫지 않은 나병환자들에게 "가서 제사장들에게 너희 몸을 보이라"고 명령하십니다. 그들은 예수님의 말씀을 믿고 병든 몸으로 제사장에게 갑니다. 10명의 나병환자 모두는 예수님의 말씀에 즉각적으로 순종하는 믿음을 가지고 있었습니다.

3. 그 중 한 사람이 자기가 나은 것을 보고 큰 소리로 하나님께 영광을 돌리며 돌아와 예수의 발아래 엎드려 감사합니다. 성경은 그를 누구라고 말합니까?(눅 17:16)

____

나병환자 10명 중 9명은 치유함을 받고도 감사하지 않은 사람들입니다. 돌아온 한 사람만이 하나님을 찬양하며 영광을 돌리고 예수님의 발 아래 엎드려 진정한 감사를 표현했습니다.

4. 이 사람을 보신 예수님의 말씀이 아래에 있습니다. 성경을 읽으며 빈 곳을 채워보세요.

"__________사람이 다 깨끗함을 받지 아니하였느냐 그 ____________은 어디 있느냐

이 ________________ 외에는 하나님께 영광을 돌리러 돌아온 자가 없느냐

가라 네 믿음이 너를 ________________하였느니라"(눅 17:17-19).

하나님께 영광을 돌리며 돌아와 감사한 사마리아 사람에게 예수님은 구원을 선포하십니다. 이제 그는 예수님을 통해 전해진 구원을 경험한 자가 되었습니다. 예수님은 하나님의 통치와 구원이 유대인들에게만 아니라 그들이 멸시하는 '사마리아 사람'에게도 허락되었음을 보여주십니다. 유대인들의 인종에 대한 편견은 잘못이며 하나님의 통치와 구원받음에 있어 '인종'은 상관없는 것입니다.

Application of Bible

여러분의 가정, 교회, 학교에 외국인이나 다문화 가정의 친구 이름을 적어보세요. 이 친구들을 하나님은 어떤 존재로 생각하실까요? 그리고 하나님은 우리가 그 친구들을 어떻게 대하길 바라실까요?

Tip of Bible

우리 모두는 하나님이 만든 존귀한 사람

과거 한국이 가난했던 시절 많은 한국 사람들이 유럽이나 미국으로 일하러 갔었습니다. 어떤 나라에서는 간호사와 광부로 일했고 어떤 나라에서는 일용직 노동자로 일하면서 한국에 많은 외화를 벌어주었습니다. 그리고 오늘날 한국이 잘살게 되면서 피부색과 눈동자의 색깔이 다른 많은 사람들이 한국에 살기 위해 이민을 오고 있습니다. 여러 가지 이유로 한국에 거주하고 있는 외국인들은 120만 명, 다문화가정은 16만 가구이며 계속 늘어나고 있답니다. 이제는 주변에서 어렵지 않게 외국인이나 다문화가정의 친구들을 볼 수 있을 것입니다.

우리 동네에, 학교에, 반에 이런 친구가 있다면 외국인, 혼혈인, 이주민으로 생각하지 말고 그 친구들이 우리와 동등하게 하나님께서 만든 존귀한 사람임을 기억해야 합니다. 그 친구들 속에 우리와 똑같은 하나님의 가치가 있음을 잊지 않고 그들을 존중하고 친구가 되어주는 성숙한 우리가 되어야 합니다.

제 8 과 막달라 마리아

신약편

용감한 부활의 첫 번째 증인

학습목표 : 어떠한 상황에서도 예수님을 끝까지 따르는 삶의 태도를 가진다.

중심진리 : 막달라 마리아는 큰 위험 속에서도 예수님에 대한 믿음과 사랑을 잃지 않았다.

본문말씀 : 요한복음 20:11-18

Memory Verse

"막달라 마리아가 가서 제자들에게 내가 주를 보았다 하고 또 주께서 자기에게 이렇게 말씀하셨다 이르니라"(요 20:18).

Question About It

'막달라 마리아' 는 누구인가?

① '막달라' 는 갈릴리 호수 서쪽 도시의 이름으로, (   ) 출신의 마리아입니다.

② (   ) 들렸다가 예수님의 능력으로 나은 후 예수님을 섬겼습니다(눅 8:2-3).

③ 십자가 죽음의 순간까지 주님을 따랐고 안식일 후 첫날 무덤가에 갔다가 부활의 첫 번째 (   )이자 (   )이 되었습니다(요 20:1).

View of Bible

예수님이 기적을 베푸시며 군중 속에서 하나님 나라를 선포하시던 영광의 순간부터 그분의 처참한 죽음과 부활의 순간까지를 지켜본 사람들이 있었습니다. 우리는 그들을 '제자' 라고 부릅니다. 이 제자 중 참으로 멋진 한 사람을 소개하려고 하는데 이름은 막달라 마리아입니다.

마리아는 지난 이틀간 한숨도 못 잤습니다. 그 이유는 자신에게 새 생명을 주신 예수님이 억울한 누명을 쓰고 죄없이 십자가형틀에서 죽임당하셨기 때문입니다. 슬프고 비통한 마음에 마리아는 안식일 후 첫 새벽, 예수님의 무덤으로 달려갔습니다. 그런데 무덤 입구의 돌이 옮겨져 있었습니다. 그녀는 너무 놀라 곧장 베드로와 사랑하시던 제자에게 달려갔습니다. 마리아의 말을 들은 두 제자가 무덤으로 달려갔지만 예수님의 시체는 없었습니다. 무슨 일이 일어났는지 알 수 없는 상황에서 두 제자는 집으로 돌아갔습니다. 그러나 마리아는 사랑하는 예수님의 시체가 없어진 것이 너무나 애통해 집에 가지 못하고 무덤 밖에 서서 울고 있었습니다.

Learn of Bible

말씀탐구

1. 천사를 만나다

(1) 막달라 마리아가 무덤 밖에 서서 울면서 무덤 속을 들여다보았을 때, 그녀는 무엇을 보았습니까?(요 20:12)

____

(2) 천사들이 막달라 마리아에게 왜 우냐고 묻자 막달라 마리아는 무엇이라고 대답합니까? 이 말에서 알 수 있는 막달라 마리아의 예수님에 대한 진심은 무엇일까요? (요 20:13)

막달라 마리아의 대답 : ______________________________

막달라 마리아의 진심 : ______________________________

막달라 마리아는 진심으로 예수님을 믿고 따랐습니다. 그랬기 때문에 그녀는 이 새벽에 예수님의 무덤가에 와서 예수님을 찾고 있는 것입니다. 제자들조차 유대인들을 두려워하여 자신들에게 무슨 해가 끼칠까 떨며 문을 꼭 닫아 놓고 숨어 있을 때(요 20:19), 막달라 마리아는 담대히 예수님의 무덤가에 와서 그분을 기리고 있는 것입니다. 여기서 우리는 구세주이시며 선생이신 예수님에 대한 진정한 제자 마리아의 믿음과 사랑을 알 수 있습니다.

2. 부활하신 예수님을 만나다

(1) 바로 그 때 막달라 마리아가 뒤를 돌아보니 어떤 남자가 서 있었습니다. 그분은 그녀가 그렇게 간절히 찾는 예수님이었습니다. 예수님께서 "여자여 어찌하여 울며 누구를 찾느냐?"고 물으실 때 막달라 마리아는 그분이 누구인줄 알고 어떻게 대답합니까?

---

(2) 막달라 마리아는 예수님이 자신의 이름을 부를 때 비로소 예수님을 알아보았습니다. 그때 그녀의 마음은 어떠했을까요?

예수님이 마리아의 이름을 부르자 마리아는 곧 예수님을 알아보았습니다. 그리고 곧바로, 전에 주님을 부르던 그대로 예수님께 대답했습니다. 그녀의 마음은 순간 환하게 밝아졌으며 기쁨과 사랑의 마음이 '선생님!' 이라는 한마디에 녹아 있습니다.

(3) 마리아가 예수님께 받은 명령은 무엇이며, 막달라 마리아는 이 명령에 어떻게 반응했습니까?

마리아는 모든 사람들 중 최초로 부활하신 예수님을 만난 부활의 목격자가 되었으며 또한 부활의 증인이 되었습니다. 이른 새벽 무덤을 찾아온 슬픔과 비통에 잠긴 한 여인 마리아는 이제 기쁨과 확신에 찬 부활의 목격자요 증인이 되었습니다.

Application of Bible

예수님의 죽음 이후 예수님을 따랐던 많은 제자들은 모두 두려움에 떨고 있었습니다. 그 이유는 예수님을 죽인 유대인들이 자신들에게도 해를 입힐 수 있다는 두려움 때문이었습니다. 그래서 그들은 쉽게 예수님의 무덤에 갈 수 없었습니다. 위기의 순간에 한 사람의 가치가 발휘됩니다. 아무도 가지 않는 무덤에 막달라 마리아는 용감히 나아갔고 부활의 목격자이며 증인이 되었습니다. 우리는 좋은 날에만 예수님을 믿는 것이 아니라 어려운 날, 눈물나는 날에도 예수님을 믿어야 합니다. 아래의 문장을 완성해보세요. 나 옆에 여러분의 이름을 적고 여러분이 가장 어려운 순간이 어떤 때인지를 생각해서 적어보세요. 그 순간에도 여러분은 예수님을 따르겠습니까?

예수님! 나__________는/은 ______________________________ 순간에도
예수님을 따르겠습니다. 아멘

Tip of Bible

십자가에서 처형된 자의 무덤

예수님은 정치 반역자들의 형인 십자가형으로 죽임당하셨습니다. 대부분 십자가에서 처형된 자의 시체는 짐승들이 다 뜯어먹을 때까지 십자가에 매달아 두었다고 합니다. 또한 십자가형으로 죽은 사람을 매장하는 것이 금지되었기 때문에 시체를 훔쳐가는 것을 막기 위해 로마 군인들은 시체를 지키도록 되어 있었고 이런 매장 금지 명령에도 불구하고 시체를 매장하면 처벌을 받았습니다.

그러나 예수님의 경우와 같이 무덤에 묻었을 경우, 무덤 주변은 죽은 사람과 뜻을 같이 하는 추종자들의 집결지로 이용되기도 했으므로 무덤은 감시의 장소였습니다. 그러므로 예수님의 무덤 주변에 간다는 것은 죽은 사람과 뜻을 같이 한다는 것으로 만약 잡힐 경우 같은 반역죄로 생명이 위태로울 수 있는 일이었습니다. 제자들에게 이것은 위협이었을 것입니다. 예수님을 애도하려는 모습이 드러나면 예수의 제자라는 것을 인정하는 행위로 잡히고, 죽임을 당할지도 모르기 때문입니다. 생명의 위협을 무릅쓰고 가장 먼저 무덤에 간 용감한 여성 막달라 마리아는 진정한 예수님의 제자라 하지 않을 수 없습니다.

제 9 과 삭개오 부와 부패 속에서 새 사람 되다

신약편

학습목표 : 삭개오와 같이 자신의 잘못을 인정하고 다시는 죄를 짓지 않는 태도를 가진다.

중심진리 : 자신의 죄를 알고 진정으로 뉘우치려는 사람에게 예수님은 찾아오신다.

본문말씀 : 누가복음 19:1-10

Memory Verse

"예수께서 이르시되 오늘 구원이 이 집에 이르렀으니 이 사람도 아브라함의 자손임이로다 인자가 온 것은 잃어버린 자를 찾아 구원하려 함이니라"(눅 19:9-10).

Question About It

'삭개오'는 누구인가?

① 삭개오는 '깨끗한 자'라는 뜻입니다.

② 삭개오의 직업은 ( )이고 ( )였습니다(눅 19:2).

③ 키가 작았던 삭개오는 예수님을 보기 위해 ( )에 올라갔습니다(눅 19:4).

④ 사람들은 삭개오를 ( )이라고 손가락질 했습니다(눅 19:7).

View of Bible

신약시대에는 세금 거두는 일, 은행업, 돈 바꾸는 일이 거리에서 행해졌습니다. 세리가 거리에 나무 책상을 갖다놓으면 사람들은 세금을 냈습니다. 세리는 백성들로부터 세금을 걷어 로마에 바쳤는데 불법으로 세금을 많이 징수하여 자신의 재산을 불렸습니다. 유대인들은 세리를 '면허증을 가진 강도', '민족의 반역자' 로서 구원받지 못할 사람으로 여겼습니다.

삭개오는 여리고의 세리장이며 큰 부자였습니다. 유대인들은 삭개오를 무척 싫어했고 삭개오 역시 사람들의 싸늘한 눈빛이 마음에 걸렸습니다. 게다가 그는 키가 작고 외모에 자신이 없는 사람이었습니다. 자신에 대한 따가운 비난과 외모에 대한 콤플렉스는 그를 외롭게 만들었습니다. 부와 권력을 가진 삭개오였지만 그에게 행복은 민 이야기였습니다. 허울뿐인 삶을 사는 삭개오에게 예수님에 대한 소문이 들렸습니다. 예수님은 죄인들조차 마다하지 않으신다는 소식에 그의 마음은 두근두근 뛰기 시작했습니다.

Learn of Bible

말씀 탐구

1. 예수님이 삭개오가 사는 여리고로 들어오셨을 때 삭개오는 키가 작아 많은 사람들 속에서 예수님을 볼 수 없었습니다. 삭개오는 자신을 비난하는 사람들 틈을 헤치고 당당히 앞으로 가는 것이 불편했습니다. 그래서 체면을 버리고 나무 위에 올라갔습니다. 이런 행동을 한 이유는 무엇이었을까요?

____

2. 예수님은 삭개오가 올라간 나무 아래에 이르러 나무 위의 삭개오를 보시고는 "삭개오야 속히 내려오라. 내가 오늘 네 집에 유하여야 하겠다"고 말씀하십니다. 이때 삭개오의 기분은 어땠을까요?

____

3. 삭개오는 예수님을 모시고 자기 집으로 갔습니다. 사람들은 예수님의 그런 모습을 보고 죄인의 집에 들어간다며 불평합니다. 그 이유는 무엇일까요?

____

세리들은 이스라엘에서 가장 인기가 없는 사람들이었습니다. 그들은 유대인으로 태어났지만 로마 정부를 위해 일했기에 민족의 반역자로 인식되었습니다. 더구나 동족인 유대인을 착취하여 부를 축적하고 있다는 것은 공공연한 사실이었습니다.

4. 삭개오는 예수님 앞에서 자신의 잘못을 인정하고 결심을 밝힙니다. 그 말을 들은 예수님은 삭개오에게 구원의 선언을 하십니다. 아래 삭개오와 예수님의 대화에서 빈칸을 채워보세요(눅 19:8-10).

삭개오 : 주여 보시옵소서 내 소유의 ____________을 ____________에게
주겠사오며 만일 누구의 것을 강제로 빼앗은 일이 있으면 ____________
이나 갚겠나이다.

예수님 : 오늘 구원이 이 집에 이르렀으니 이 사람도 ____________임이로다.
인자가 온 것은 ____________를 찾아 구원하려 함이다.

삭개오는 예수님을 따르기 위해 자신의 재물을 포기하기로 신인합니다. 잘못된 과거를 벗어나기 위해 그는 참으로 큰 결단을 합니다. 삭개오의 결심은 율법의 요구보다 더 큰 보상으로써 자신의 잘못에 대한 진정한 반성을 보여줍니다. 이에 예수님은 삭개오를 '아브라함의 자손'이라고 선포하십니다. 유대인들에게 아브라함의 자손으로 인정받지 못했던 세리 삭개오는 예수님의 입을 통해 아브라함의 자손으로 인정받습니다.

Application of Bible

자신의 잘못을 진심으로 뉘우치고 그것을 바로 잡기 위한 행동을 하는 것은 쉬운 일이 아닙니다. 그러나 이렇게 결단하는 사람을 하나님은 기뻐하십니다. 하나님 앞에 자신의 신앙 혹은 삶에 있어서 잘못된 행동이나 습관을 가진 것이 있는지 생각해 보세요. 그리고 이제는 그것을 고치기 위한 결단을 해보세요.

과거의 잘못된 습관	나의 결심

Tip of Bible

율법의 규정을 넘어선 삭개오의 결심과 우리의 자세

예수님과의 만남으로 내적으로 변화된 삭개오는 자기 소유의 절반을 가난한 자들에게 나누어주고 세리로서 남의 것을 강제로 뺏은 것에 대해 4배의 배상을 하겠다고 약속했습니다. 이것은 율법의 규정을 넘어선 것이었습니다. 유대 율법에서 도적질과 관련된 배상법은 통상적으로 전체 액수에 5분의 1을 더하여 배상하는 것입니다(레 5:16, 6:2-5; 민 5:7). 삭개오가 말한 배상규모는 자신이 잘못한 것들에 대한 법적보상 그 이상의 것을 의미하는 것으로 보입니다. 그는 진심어린 회개와 진정성을 가지고 예수님 앞에서 이것을 약속했고, 예수님은 삭개오의 진심을 보시고 '아브라함의 자손'이라는 축복의 선언을 하셨습니다.

예수님은 잃어버린 양을 찾아 구원하러 오셨습니다. 이 잃어버린 양 속에는 인간적인 우리의 눈으로 볼 때 결코 구원받을 수 없을 것이라고 생각되는 사람도 포함되어 있음을 기억해야 합니다. 삭개오가 구원받은 그날 불평하며 수군거리던 무리가 되지 말고, 예수님의 구원의 현장에서 함께 기뻐하고 하나님께 영광을 돌리는 우리가 됩시다.

신약편 **4단원**

반대편에서

단 원 주 제	예수님의 죽음을 주도했던 정치, 종교 지도자들
단 원 해 설	허세로 침례(세례) 요한을 죽인 헤롯 안디바와 불법적인 재판으로 사형을 언도한 대제사장 가야바, 그리고 무책임하고 비겁한 총독 빌라도의 모습을 침례(세례) 요한과 예수님의 죽음과 관련해 공부해봅니다.
중 심 구 절	"새벽에 모든 대제사장과 백성의 장로들이 예수를 죽이려고 함께 의논하고 결박하여 끌고 가서 총독 빌라도에게 넘겨 주니라"(마 27:1–2).
단원 학습목표	정치 지도자 헤롯과 로마 총독, 종교 지도자 대제사장의 잘못된 리더십을 통해 그리스도인으로서 우리의 삶의 태도를 점검해봅니다.
단원 핵심정리	예수님의 죽음을 주도했던 정치, 종교 지도자들의 잘못된 삶의 태도

단 원 소 개

4단원에서는 예수님과 침례(세례) 요한의 죽음과 직접적인 관련이 있는 정치, 종교 지도자들에 대해 공부할 것입니다. 이 사람들은 각각 다른 이유로 사형을 명령하게 되는데 지도자인 이들이 결코 해서는 안 되는 잘못된 행동과 결정을 하는 과정을 통해 우리의 삶의 태도를 점검해볼 수 있을 것입니다.

10과에서는 침례(세례) 요한을 거룩한 사람으로 알고 보호해주려 했던 헤롯 안디바가 자신의 본분을 잊고 허세를 부리므로 침례(세례) 요한을 죽이게 되는 과정을 살펴보고, 11과에서는 율법을 누구보다 잘 지켜야 할 대제사장 가야바가 산헤드린 공회의 규정을 어기면서 진행하는 예수님에 대한 불법적인 재판과정을 공부합니다. 12과에서는 로마 총독 빌라도가 자신의 안녕을 위해 예수님이 무죄인 것을 알면서도 십자가 처형을 집행하는 무책임하고 비겁한 모습을 살펴볼 것입니다.

제10과 헤롯 안디바

신약편

본분을 잊고 허세로 무고한 사람을 죽이다

학습목표 : 자신의 본분을 바로 알고 자신이 해야 할 일을 하는 청소년이 되기로 결심한다.

중심진리 : 자신의 본분을 잊고 허세로 무고한 사람을 죽이는 죄를 범한 헤롯

본문말씀 : 마가복음 6:14-29

Memory Verse

"헤롯은 듣고 이르되 내가 목 벤 요한 그가 살아났다 하더라"(막 6:16).

Question About It

'헤롯 안디바' 는 누구인가?

① 이름의 뜻은 '영웅의 아들' 입니다.

② 헤롯 대왕의 아들로서 B.C.4년부터 A.D.39년까지 ( )와 ( )의 분봉왕이었습니다.

③ 이복동생과 결혼했던 ( )와 결혼해 침례(세례) 요한의 비판을 듣습니다.

View of Bible

갈릴리와 베뢰아의 분봉왕이었던 헤롯 안디바는 법을 어기고 헤로디아와 결혼을 했습니다. 헤롯의 아버지인 헤롯 대왕은 부인이 5명이었습니다. 헤로디아는 헤롯의 이복형의 딸로서 이복동생 빌립과 결혼한 여자였습니다. 헤롯은 헤로디아와 결혼하기 위해 부인과 이혼을 하고 헤로디아 역시 남편과 이혼을 하면서 불법적인 결혼을 했습니다. 결혼법에서는 형이 죽었을 경우 형의 자녀를 얻기 위하여 형수와 결혼하는 것을 제외하고는 다른 형제의 부인과 결혼하는 것을 금지하고 있었습니다. 헤롯은 법대로 백성을 다스리는 통치자로서 법을 지켜야 함에도 불구하고 헤로디아와의 결혼을 위해 자신의 본분을 잊고 불법을 감행했습니다.

침례(세례) 요한은 헤롯과 헤로디아의 부도덕한 삶을 비난했고 이들의 결혼은 불법이라고 말했습니다. 로마관리이며 통치자인 헤롯을 비판하는 것은 무척 위험한 일이었지만 침례(세례) 요한은 하나님 앞에서 소신대로 행동함에 두려움이 없었습니다.

Learn of Bible

말씀탐구

1. 침례(세례) 요한은 어떻게 되었나요? 그리고 그 이유는 무엇인가요? (막 6:17-18)

---

2. 헤롯 안디바와 헤로디아는 침례(세례) 요한에 대해 어떻게 생각했습니까?(막 6:19-20)

헤롯 안디바 :

헤로디아 :

3. 헤롯 안디바의 생일이 됩니다. 헤로디아의 딸이 많은 손님들 앞에서 춤을 추어 헤롯과 그와 함께 앉은 자들을 기쁘게 했습니다. 기분이 좋아진 헤롯은 소녀에게 무엇이든지 내게 원하는 것을 구하면 주겠다고 하면서 나라의 절반이라도 주겠노라 맹세했습니다. 이에 소녀가 구한 것은 무엇이며 누가 시킨 것입니까?(막 6:24-25)

구 한 것 :

시킨 사람 :

'나라의 절반'이라도 주겠다는 분봉왕 헤롯의 맹세는 너무나 경솔한 것입니다. 그는 진짜 로마의 왕이 아니라 로마의 황제로부터 제국의 일부 땅을 위임받은 지역의 군주입니다. 그러므로 그에게는 나라의 절반을 줄 권한이 없습니다. 헤롯은 과시욕에 빠져 감히 할 수도 없는 허세를 부렸고 이로 인해 침례(세례) 요한의 생명은 위태로워집니다.

4. 헤로디아의 딸의 요구 앞에 헤롯 안디바는 어떻게 합니까?(막 6:26-28)

---

5. 헤롯 안디바는 많은 사람들 앞에서 과시욕과 허세로 한 맹세로 인해 자신이 거룩한 사람으로 알고 보호해주었던 죄 없는 침례(세례) 요한을 죽이게 됩니다. 그리고 얼마후 예수님의 소문을 들었습니다. 헤롯은 예수님을 누구라고 생각합니까? 이때 그의 마음은 어땠을까요?(막 6:14-16)

헤롯 안디바는 침례(세례) 요한을 죽임으로 자신의 맹세를 지켰고 많은 사람들 앞에서 체면을 살렸습니다. 하지만 그는 거룩한 사람을 죽임으로써 두려움과 죄책감을 가지고 살아야 했습니다. 헤롯의 이러한 죄책감은 요한과 비슷한 예수님의 이야기를 들었을 때 그를 더욱 두렵게 하여 요한이 살아났다고 생각하게 만듭니다.

Application of Bible

헤롯 안디바의 직무는 갈릴리와 베뢰아의 분봉왕으로서 맡겨진 지역을 잘 다스리고 통치하는 일이었습니다. 그러나 그는 여자에 빠져 지켜야 할 법도 무시하면서 부도덕한 결혼을 하고 무고한 사람을 죽이는 등 지도자로서의 본분을 잊었습니다. 이러한 삶의 결과로 죄책감에 시달리게 됩니다. 자신의 본분에 맡게 행동하는 것은 그리스도인이 보여야 할 바른 모습입니다. 우리의 본분에 맡게 행동하기 위해 가정과 교회와 학교에서 해야 할 일에는 어떤 것이 있을지 생각해 보세요.

	가정	교회	학교
우리의 본분			

Tip of Bible

신약성경의 헤롯 왕들(Herod)

신약성경에는 헤롯이라고 불린 사람이 여럿 나오는데 모두 헤롯 왕가의 사람들입니다. 이두매 지방 출신으로서 로마 황제의 명에 의해 팔레스타인 지역을 다스린 통치자들입니다.

① 헤롯 대왕 : 예수님 탄생 당시 갈릴리의 총독으로 베들레헴 인근 두 살 아래 아기들을 다 죽이라고 명령했던 헤롯이 바로 헤롯 대왕입니다(마 2:16). 그는 가이사랴를 세우고 예루살렘성전도 건축했습니다. B.C.4년에 사망하면서 헤롯 대왕이 다스렸던 지역은 세 아들(아켈라오, 안디바, 빌립)이 나누어 통치하게 됩니다.

② 헤롯 안디바 : 헤롯 대왕과 사마라아 부인 사이에서 B.C.20년에 태어났으며 B.C.4년 16세에 갈릴리와 베뢰아의 군주가 되어 A.D.39년 로마 황제에 의해 가울로 유배될 때까지 통치했습니다. 둔감하고 방탕한 사람으로 알려져 있으며 침례(세례) 요한을 살해하고 예수님 재판과정에 등장하는 헤롯이 바로 안디바입니다. 예수님은 그를 '여우'라고 불렀습니다(눅 13:32).

③ 헤롯 아그립바 1세 : 헤롯 대왕의 손자이며 갈릴리의 분봉왕이며 후에는 유대왕이 됩니다. 사도 야고보를 죽인 헤롯이 바로 이 사람입니다(행 12:1-23).

④ 헤롯 아그립바 2세 : 갈릴리 동부 지역의 왕으로 사도 바울이 만난 왕이 바로 헤롯 아그립바 2세입니다(행 25:13-26:32).

제11과 대제사장 가야바

신약편

불법 재판으로 하나님과 사람 앞에 죄를 짓다

학습목표 : 타인을 함부로 정죄하는 것이 잘못임을 안다.

중심진리 : 불법 재판으로 예수님을 죽음에 이르게 한 대제사장

본문말씀 : 마태복음 26:57-68, 27:1-2

Memory Verse

"새벽에 모든 대제사장과 백성의 장로들이 예수를 죽이려고 함께 의논하고 결박하여 끌고 가서 총독 빌라도에게 넘겨 주니라"(마 27:1-2).

Question About It

'대제사장' 은 누구인가?

① 성전에서 세사의 일을 딤당했던 레위지파 제사장들 가운데 우두머리입니다.

② 하나님 앞에서 ( )을 대표했습니다(출 27:21).

③ 본래는 최초의 대제사장이었던 아론의 아들들에게 승계된 종신 세습직이었으나 로마시대에는 ( )이 임명하였습니다.

④ 산헤드린 공회의 ( )역할을 했습니다.

View of Bible

예수님은 공생애 3년간 제자들을 양육하시면서 많은 사람들에게 하나님 나라 복음을 선포하시고 병든자를 고치셨습니다. 예수님의 인기는 하늘 높이 치솟았습니다. 당시 유대인 사회와 종교 지도자들은 예수님의 인기를 시기했습니다. 더구나 예수님의 가르침과 이적은 자신들이 지켜왔던 율법과 사회질서를 어지럽히는 위협이 되었기에 예수님을 미워했습니다. 예수님에 대한 백성의 환호와 사회 기득권자들의 미움은 극에 달했습니다.

유월절을 며칠 앞두고 예수님은 제자들과 함께 나귀를 타고 당당하게 예루살렘으로 입성하셨습니다. 사람들은 예수님을 '다윗의 자손' 이라고 외치며 열광했습니다. 대제사장들을 포함한 예수님의 대적자들은 함께 모여 예수님을 죽이기로 의논했습니다. 때마침 가룟 유다의 배신에 의해 예수님은 겟세마네에서 기도하신 후 한밤에 대적자들의 손에 잡히십니다. 곧이어 산헤드린 공회의 재판이 시작됩니다.

* 유월절 : 유월절은 애굽으로부터의 탈출을 기념하는 유대인들의 '민족해방' 의 축제로써 우리나라의 '광복절' 같은 날입니다. 유대 3대 절기 중에서 가장 중요한 절기로 지켰습니다.

Learn of Bible

말씀탐구

1. 산헤드린 공회 규정

예수님이 끌려 간곳은 대제사장 가야바의 집입니다. 그곳에는 서기관과 장로들이 모여 있었습니다(마 26:57). 유대인들의 최고 의결기구이며 종교재판소인 산헤드린 공회가 한밤에 가야바의 집에서 열린 것인데 무언가 미심쩍은 부분들이 많이 보입니다.

여기서 산헤드린 공회의 기본적인 규정을 살펴보겠습니다.

㉠ 안식일과 절기를 제외하고 매일 열린다. (시간: 일출부터 일몰까지의 ____________)

㉡ 재판시 두 명의 ____________이 있어야 하고 증언이 맞는지 검증해야 한다.

㉢ ____________는 반드시 다음날 한번 더 심의를 해서 판결한다.

㉣ 죄인을 위해 ____________를 준비하거나 조언을 구할 수 있는 기회를 주어야 한다.

㉤ 중대사건은 산헤드린 공회의 정식 ____________에서 다루어야 한다.

㉥ ____________로 한다.

2. 예수님의 재판과정

㉠ 대제사장과 온 공회가 예수님을 칠 거짓 ____________를 찾으나 찾지 못합니다.

㉡ ____________이 증언을 합니다. "이 사람이 말하길 내가 하나님의 성전을 헐고 사흘 동안에 지을 수 있다고 했습니다"

㉢ 대제사장이 예수님께 이 증거가 맞는지 물으나 예수님은 대답하지 않습니다.

㉣ 대제사장이 다시 묻습니다. "내가 너로 살아계신 하나님께 맹세하게 하노니 네가 하나님의 아들 ____________인지 우리에게 말하라"

ⓜ 예수께서 대답하십니다. "이후에 ____________가 권능의 우편에 앉아 있는 것과 하늘 구름을 타고 오는 것을 너희가 보리라"

ⓗ 대제사장이 자기 옷을 찢으며 "이 놈이 ____________하는 말을 하였으니 이찌 더 증인이 필요하겠느냐! 너희가 지금 신성 모독하는 말을 들었도다. 너희 생각은 어떠하냐?"

ⓢ 모인 자들이 대답합니다. "____________에 해당합니다."

ⓞ 예수님의 얼굴에 침을 뱉으며 주먹으로 치고 손바닥으로 때리며 조롱합니다. "그리스도야 우리에게 ____________노릇을 해봐라. 너를 친 자가 누구냐?"

ⓙ 두 번째 모임 : ____________에 모든 대제사장과 백성의 장로들이 예수를 죽이려고 함께 의논하고 ____________에게 넘겨줍니다.

총독 빌라도에게 넘겨준 이유는 이들에게 사형집행권이 없었기 때문입니다. 로마의 총독이 유대인 사형을 집행할 수 있기에 이들은 유월절이 이르기 전에 예수님을 사형시키기 위해 새벽에 총독 빌라도에게 고발해 넘깁니다.

하룻밤과 하루 낮 동안 체포, 심문, 처형이 모두 이루어졌습니다. 예수님의 재판과 십자가 처형은 산헤드린으로 대표되는 예루살렘 지배계층에 의해 치밀하게 계획되고 진행된 일입니다. 그들은 예수님을 죽음으로 몰아 넣을 각본을 짜고 엄청난 속도로 음모를 진행시켰습니다.

3. 대제사장 가야바의 주도하에 열린 예수님의 산헤드린 재판은 많은 문제점들을 가지고 있습니다. 문제 1과 2를 비교해보고 이 재판의 불법성을 적어보세요.

(1) ______________________________

(2) ______________________________

(3) ______________________________

(4) ______________________________

(5) ______________________________

(6) ______________________________

Application of Bible

유대인들을 위한 법원인 산헤드린 공회의 의장 가야바는 율법대로 재판해야 함에도 불구하고 예수님을 재판하는데 있어 너무나 많은 불법을 저지릅니다. 예수님은 증거도, 검증된 증인도 없이 사형에 처해지게 됩니다. 가야바와 같이 사람을 함부로 정죄하는 것은 그 사람을 죽음에 이르게 할 수 있는 잘못입니다. 생활 속에서 다른 사람을 정죄한 적은 없는지 생각해 보세요.

Tip of Bible

유대인 최고 의결기구, 산헤드린 공회

유대인들의 법적, 종교적인 문제를 논의하기 위한 모임입니다. 그 기원은 모세를 돕기 위해 70명의 장로를 세운데 있습니다(민 11:16). 구성원의 수는 70명으로 최고 의장은 대제사장이고 구성원은 제사장, 장로, 서기관(율법교사)인데 서기관의 대부분은 바리새인이었습니다.

로마통치하에서 정치문제를 제외한 이스라엘의 입법과 사법을 총괄하는 최고 정책의결기구였으며 모든 안건은 만장일치로 의결했으며 율법해석, 종교재판 주관, 성전 치안문제를 다루었습니다. 벌금형과 태형을 선고하는 막강한 권한을 가졌으나 사형은 로마의 권한이었습니다. 예수님의 재판이 산헤드린 공회에서 본디오 빌라도 앞으로 옮겨갔던 이유가 사형을 집행할 권한이 없었기 때문입니다. 안식일과 절기를 제외하고 매일 열렸으며 일출에서 일몰까지만 개정되었고 안식일이나 야간에는 열리지 않는 것이 관례였습니다. 재판시 두 명의 증인을 배석시켰고 사형에 해당하는 죄는 다음날 재심을 거친 뒤 판결함으로 억울한 사형수가 생기지 않도록 했습니다. 죄인을 위해서 변호를 준비하거나 조언을 구할 수 있는 기회를 주었고 중대사건의 경우에는 산헤드린 공회의 정식 화합장소에서 다루어야 했습니다. 이런 규정들을 감안할 때 예수님의 재판은 규정을 무시한 불법 재판임을 알 수 있습니다.

제12과 본디오 빌라도

신약편

무책임과 비겁함으로 무죄한 사람을 죽이다

학습목표 : 하나님 앞에서 자신의 행동에 책임지는 사람이 되기 위해 노력한다.

중심진리 : 예수님의 무죄를 알면서도 무리의 요구에 따라 사형을 집행한 무책임하고 비겁한 빌라도

본문말씀 : 마태복음 27:11-26

Memory Verse

"빌라도가 아무 성과도 없이 도리어 민란이 나려는 것을 보고 물을 가져다가 무리 앞에서 손을 씻으며 이르되 이 사람의 피에 대하여 나는 무죄하니 너희가 당하라" (마 27:24).

Question About It

'본디오 빌라도'는 누구인가요?

① 이름의 뜻은 '창을 가진 자'입니다.

② 주후 26년부터 36년까지 로마 황제에 의해 유대지역 제5대 (   )으로 임명되었습니다.

③ 로마 총독은 유대인 (   ), 대제사장 (   ), 산헤드린의 재판 결과도 바꿀 수 있는 권세를 가지고 있었습니다.

View of Bible

로마통치아래 해방을 기념하는 유대민족축제인 유월절은 로마 지도자들을 예민하게 만들었습니다. 유월절이면 외국에 있던 유대인들까지 예루살렘으로 몰려들어 치안이 불안해지기 때문입니다. 이때가 되면 민족감정이 고조되어 로마에 대한 격렬한 저항이 일어나곤 했습니다. 예루살렘에는 1개 대대와 1개 기병대대가 주둔했지만 축제가 벌어질 때는 총독이 호위병과 주력부대를 거느리고 예루살렘으로 왔습니다. 총독이 가장 신경 쓰는 일은 폭동이었습니다.

대제사장과 장로들은 이것을 잘 알고 있었습니다. 이들은 예수님을 유월절 전에 죽이기 위해 산헤드린 공회의 재판을 밤중에 열었고 새벽에 모여 이를 확정했습니다. 산헤드린 재판에서의 신성 모독죄로는 처형되기 어려웠으므로 유대 종교지도자들은 예수님을 반역죄로 몰아갔습니다. 이제 예수님은 수많은 무리들이 보는 앞에서 빌라도의 법정에 끌려 나옵니다.

Learn of Bible

말씀탐구

빌라도는 예수님께 "네가 유대인의 왕이냐"하고 물었고 예수님은 빌라도에게 "네 말이 옳도다"라고 대답하셨습니다. 대제사장과 장로들은 예수님을 계속해서 고발하지만 예수님은 이후 아무 말도 하지 않으십니다.

1. 총독 빌라도는 예수님을 심문한 후, 산헤드린 공회에 의해 예수님이 고발된 진짜 이유가 무엇이라고 생각합니까?(마 27:18)

___

2. 명절이 되면 총독 빌라도가 유대인들의 요구대로 죄수를 놓아주는 전례가 있었습니다. 그는 유대인들에게 "바라바냐? 그리스도라 하는 예수냐?"라고 공개적으로 물어봅니다. 이 질문에 무리들은 누구를 지명하며 그 이유는 무엇입니까?(마 27:20-21)

___

3. 재판을 하고 있는 중 빌라도의 아내가 사람을 보내어 말한 내용은 무엇입니까?(마 27:19)

___

두 개의 장면은 대조를 이룹니다. 유대인 종교 지도자들은 조직적으로 예수님을 죽이려고 하는 반면에 한 이방 여성인 빌라도의 아내는 꿈 때문에 예수가 옳은 사람인 것을 알고 예수님을 살려 주라고 합니다.

4. 무리들은 점점 더 강하게 예수님을 십자가에 못 박으라고 외쳤습니다. 무죄임을 알면서도 총독 빌라도는 무엇을 두려워해 예수님을 십자가에 못 박게 내어줍니까?(마 27:22-24)

무리들은 십자가형을 주장합니다. 이것은 이상한 일인데 십자가 처형은 반역죄를 범한 사람을 죽이는 로마식 형벌이었고 유대인들이 혐오하는 사형방식이었기 때문입니다. 십자가 처형 요구 역시 종교 지도자들의 선동에 의해서였을 것입니다. 로마인들에 의해 로마의 사형방법으로 예수님을 죽이려 한 것은 죽음의 책임이 로마에 있도록 하기 위함입니다. 또한 십자가형은 예수님이 하나님의 저주를 받았음을 예수님의 추종자들과 많은 유대인들 앞에 보여주는 것이기에 십자가 처형방법을 요구했습니다(신 21:23).

5. 총독 빌라도가 무리 앞에서 손을 씻으며 예수님의 피(죽음)에 대하여 자신은 무죄라고 말합니다. 빌라도는 예수님의 죽음에 책임이 없는 걸까요? 빌라도의 잘못이 무엇인지 생각해 보세요.

자신의 결백을 주장하는 표시로 손을 씻는 행위는 로마의 관습이 아니라 유대의 관습이었습니다(신 21:6-9). 예수님의 무고한 죽음에 대해 빌라도는 모든 책임을 무리들이 감당하도록 하기 위해 손을 씻은 것입니다. 자신의 통치하에 반란이나 폭동이 일어나는 것을 원치 않았던 그는 무죄한 자에게 사형을 내린 것입니다. 그러므로 사형집행권을 가진 총독으로서 자신의 이익을 위해 무죄한 자를 죽인 그에게도 예수님 죽음의 책임은 있습니다.

Application of Bible

자신의 말이나 행동에 책임을 다하지 못했거나 회피한 일이 있는지 생각해 보세요. 힘들게 책임지는 것과 무책임하게 회피하고 후회하는 것 중에서 어느 것이 더 힘들까요?

Tip of Bible

성경에 나오는 총독들

일반적으로 총독은 황제가 임명했으며 황제의 지휘아래 관할 구역이나 식민지를 다스렸습니다. 보통 사법권과 군사권을 가졌으며 통치권을 허락받은 지역 내에서 세금 부과, 군대 지휘, 재판 등의 일을 했고 특히 사형 결정권을 소유함으로써 막강한 권력자 행세를 했습니다.

구약시대 총독으로는 바사시대 유다를 다스렸던 스룹바벨(학 2:2, 21), 느헤미야(느 8:9)가 있었으며 복음서에 등장하는 총독은 예수님이 탄생하실 당시 수리아 총독 구레뇨(눅 2:2)가 있었고 예수님의 십자가 처형을 언도한 본디오 빌라도가 있습니다. 이후에는 사도 바울의 첫 번째 전도여행기간 중 기독교인이 된 구브로에 있던 총독 서기오 바울(행 13:4-12)과 바울을 대적하던 사람들로부터 재판을 해달라는 요청을 받았으나 부정한 일이나 괴악한 일이 아니라면 재판을 하지 않겠다며 이를 거절한 아가야의 총독 갈리오(행 18:12-17)도 있습니다.

신앙편

청·소·년·핵·심·공·과

틴틴파워 인 지저스

TEEN TEEN POWER IN JESUS

5권

요단

틴틴파워 5권
인 지저스
신앙편

Contents

1단원 그리스도인이 됨

2단원 그리스도인의 성장

3단원 그리스도를 본받아

4단원 그리스도인의 삶

신앙편

1단원 그리스도인이 됨

단 원 주 제	그리스도인이 됨
단 원 해 설	청소년들은 그 마음에 항상 두 가지 생각이 공존합니다. 정체성을 확립해가는 시기에 죄와 거룩에 대한 개념을 분명히 함으로 하나님이 기뻐하시는 자녀가 되는 것이 무엇인지 알게 될 것입니다. 본 단원에서 죄, 구원, 성화의 개념을 재점검함으로 흔들리지 않는 그리스도인으로 성장하게 될 것입니다.
중 심 구 절	"네가 만일 네 입으로 예수를 주로 시인하며 또 하나님께서 그를 죽은 자 가운데서 살리신 것을 네 마음에 믿으면 구원을 받으리라 사람이 마음으로 믿어 의에 이르고 입으로 시인하여 구원에 이르느니라 성경에 이르되 누구든지 그를 믿는 자는 부끄러움을 당하지 아니하리라 하니 유대인이나 헬라인이나 차별이 없음이라 한 분이신 주께서 모든 사람의 주가 되사 그를 부르는 모든 사람에게 부요하시도다 누구든지 주의 이름을 부르는 자는 구원을 받으리라"(롬 10:9–13).
단원 학습목표	본 단원에서는 죄, 구원, 성화의 개념을 통해 그리스도인의 정체성을 알 수 있다.
단원 핵심정리	죄, 구원, 성화의 개념을 재점검함으로 흔들리지 않는 굳건한 믿음을 가진 사람으로 성장한다.

단 원 소 개

죄, 구원, 성화의 개념을 재점검함으로 청소년 시절부터 하나님의 말씀을 삶의 가치기준으로 정립하여 바르고 건전한 청소년이 되며, 구원의 확신을 통해 하나님의 자녀로서의 특권과 자부심을 갖고 거룩한 백성으로서 지속적인 삶을 살게 하는데 그 목적이 있습니다. 구원은 신앙의 완성이 아니라 시작임을 알고 하나님께서 허락하시는 은혜와 섭리를 충분히 이해하고 하나님의 마음을 헤아려 하나님과 동행하는 삶을 살아야 할 것입니다.

제 1 과 죄

학습목표 : 죄에 대한 개념을 분명히 안다.

중심진리 : 죄에 대한 개념을 분명히 알고 하나님을 기쁘시게 하는 자녀로 성장한다.

본문말씀 : 시편 119:11-16

Memory Verse

우리가 짓고 있는 죄에는 어떤 것이 있는지 구체적으로 기록하고 나누어 보세요.

Talk Talk about Life

❖ 죄의 고백

1. 그리스도인이 되기 위해서 창조주 하나님과 구세주 예수님을 아는 것과 더불어 반드시 해야 하는 태도와 행동이 있습니다. 그것은 무엇일까요?

2. 자신의 머리로 생각하고 눈으로 봄으로써 지을 수 있는 죄와 내면의 마음에서 지을 수 있는 죄를 구체적으로 기록해보세요.

Standard of Life

❖ 본문탐구

1. 우리가 하나님께 범죄하지 않기 위해 어떻게 해야 하나요?

시 119:11 ______________________________

수 1:8 ______________________________

____

2. 우리의 마음과 생각을 지키기 위해서 어떻게 해야 하나요?

빌 4:6-7 ______________________________

____

Change of Life

❖ 죄를 극복하기

1. 우리는 죄인이라고 고백하면서도 생활에서는 죄에 대해 무딘 경우가 많이 있습니다. 그 이유는 무엇일까요?

2. 우리의 죄를 고백하면 우리에게 어떤 유익이 있을까요?

3. 우리의 마음 속에 악한 생각들이 자라게 되면 나중에 어떤 결과를 초래하게 되는지 빈칸을 채워보세요(막 7:21–22).

음란 ———〉 성을 도구로 생각하거나 성적인 범죄를 저지를 수 있다.
도적질 ———〉
살인 ———〉
간음 ———〉
탐욕 ———〉
악독 ———〉
속임 ———〉
음탕 ———〉
질투 ———〉
비방 ———〉
교만 ———〉
우매 ———〉

Decision of Life

우리가 그리스도인이 되기 위해서는 반드시 자신이 죄인임을 고백해야 합니다. '나는 왜 죄인인가', '내가 지은 죄는 무엇인가'에 대한 물음이 분명히 있어야 합니다. 청소년 시기에는 죄에 대한 개념이 모호하거나 이성적인 생각에 치우쳐 받아들이기 어려울 수 있습니다. 하지만 하나님을 믿지 않는 자체가 죄의 시작임을 알고 죄인임을 고백해야 합니다. 그것은 자신의 정체성을 아는 것과 마찬가지입니다. 하나님이 허락하여 주신 이 세상을 정복하고 다스리기 위해서는 먼저 우리가 하나님 앞에 어떤 존재인지 알아야 합니다. 우리가 하나님과의 관계를 회복하고 하나님께서 주신 사명을 잘 감당하기 위해서는 자신의 현재 위치를 정확히 알아야 합니다. 자신은 쓸모없고 무가치한 존재라고 스스로 비하하는 것도 문제가 되지만, 자신의 현재 위치를 모르는 것도 문제가 됩니다. 그러기에 자신의 현재 위치가 어떤 죄인의 모습인지를 알고 그것을 고백하는 것은 하나님과의 관계 회복의 시작이 됩니다.

제 2 과 구원

신앙편

학습목표 : 구원에 대한 개념을 분명히 안다.

중심진리 : 구원에 대한 개념을 분명히 알고 고백함으로 하나님의 자녀임을 확신한다.

본문말씀 : 로마서 10:9-13

Story of Life

나는 언제부터 부모님의 자녀임을 확신하게 되었나요? 내가 부모님의 자녀로 확신하면서 갖게 되는 유익과 누리는 특권이 있다면 무엇인가요?

Talk Talk about Life

❖ 구원의 이해

1. 구원이란 무엇인가요?

창 1:1 (　　　　　　　　　　)

출 3:14 (　　　　　　　　)

롬 3:23 (　　　　　　　　)

요 5:24 (　　　　　　　　　　　　　　)

요 1:12 (　　　　　　　　　　　)

2. 구원이 아닌 것은 무엇인가요?

____

____

____

____

Standard of Life

본문탐구

❖ 본문탐구

1. 구원에 이르는 방법은 무엇인가요?

롬 10:9-10 ______________________________

롬 10:13 ______________________________

____

2. 사람들이 예수님을 만남으로 어떤 변화들이 일어났는지 발표해 보세요.

눅 8:46 ______________________________

____

Change of Life

❖ 구원의 확신 갖기

1. 구원받은 사실에 분명한 확신을 가지고 있습니까?

2. 예수님을 주님으로 믿는다는 것은 구체적으로 무엇을 말하나요?

3. 우리가 구원의 확신을 가져야 하는 가장 큰 이유는 무엇인가요?

Decision of Life

우리가 구원의 확신을 가지고 있으면 하나님의 사람으로서 자신 있게 살아가게 됩니다. 어디서나 우리가 하나님의 자녀이며 예수님을 믿는다는 것을 자랑스럽게 증거하게 됩니다. 나의 소속과 위치가 분명해지는 것입니다. 그러나 구원의 확신이 없으면 우리는 상황과 환경에 따라 수시로 변하고 달라집니다. 신앙의 갈등도 아주 심해집니다.

구원은 하나님의 아들 예수 그리스도를 믿음으로 단 한번에 얻어지지만 악한 영에 의해 세상의 죄된 것이 마치 진리인양 길들여져 있던 우리가 하나님께서 주시는 은혜를 충분히 누리기 위해서는 날마다 자신을 점검하여 하나님 안에 있음을 고백하고 인정해야 합니다. 그렇지 않으면 구원을 받았어도 하나님의 자녀로서의 특권을 누릴 수 없으며 하나님의 자녀로서의 당당한 삶을 살지 못하게 됩니다. 이처럼 구원의 확신이 있는 사람과 없는 사람의 삶은 전혀 다릅니다.

제 3 과 성화

신앙편

학습목표 : 성화에 대한 개념을 분명히 안다.

중심진리 : 성화에 대한 개념을 분명히 알고 견고한 그리스도인으로 성장한다.

본문말씀 : 데살로니가전서 5:16-23

Story of Life

'성화' 하면 무엇이 떠오르나요? 각자 알고 있는 성화의 의미를 발표해 보세요.

Talk Talk about Life

❖ 옛 사람의 이해

1. 예수님을 믿기 전 나의 모습은 어떠했는지 나누어 보세요.

____

____

____

____

2. 사도 바울은 옛사람의 모습을 어떻게 해야 한다고 말하고 있나요?

갈 5:24 ______________________________

롬 6:6 ______________________________

____

____

Standard of Life

❖ 본문탐구

1. 그리스도인이 구원을 받으면 하나님의 섭리로 성화가 됩니다. 어떤 모습으로 변화되어 가는지 나누어 보세요(살전 5:16-23).

____

____

2. 성령의 열매는 어떻게 맺을 수 있는지 나누어 보세요.

갈 5:22-25 ______________________________

____

Change of Life

❖ 성화된 삶

1. 옛사람과 새사람의 차이는 무엇인가요?

2. 우리가 구원을 받는다고 저절로 성화가 일어나지 않습니다. 그렇다면 어떻게 해야 할까요?(요 15:4-5)

3. 하나님의 자녀가 된 후 우리가 벗어버려야 할 것들은 무엇인가요?(골 3:5-14)

Decision of Life

성화는 구원받은 사람이 하나님의 은혜를 지속적으로 누리고 하나님의 형상을 닮아가고자 할 때 반드시 필요한 과정입니다. 죄의 노예가 되었던 우리가 단번에 하나님의 은혜를 받고 구원에 이르렀지만, 하나님의 형상을 닮은 존재로 체질을 바꾸지 않으면 하나님의 자녀의 신분을 가지고 있으면서 또다시 죄의 노예로 습관처럼 살게 됩니다. 이것은 하나님께서 원하시는 삶이 아닙니다. 구원을 받았으면 거룩하고 당당한 삶을 살아야 합니다. 구원은 신앙의 완성이 아니라 시작입니다. 우리는 하나님께서 허락하시는 은혜와 섭리를 충분히 이해하고 하나님의 마음을 헤아려 하나님과 동행하는 삶을 사는 그리스도인이 되어야 하겠습니다.

신앙편 2단원 그리스도인의 성장

단 원 주 제	그리스도인의 성장
단 원 해 설	그리스도인은 성장해야 합니다. 성장하지 않고 머물러 있다면 생명이 있다고 할 수 없습니다. 본 단원에서는 그리스도인이 성장해야 하는 이유와 교회 지체들간의 유기적인 관계 속에서 성장할 수 있음과 주님과의 동행을 통해서 성장할 수 있음을 알게 될 것입니다.
중 심 구 절	"내 안에 거하라 나도 너희 안에 거하리라 가지가 포도나무에 붙어 있지 아니하면 스스로 열매를 맺을 수 없음 같이 너희도 내 안에 있지 아니하면 그러하리라 나는 포도나무요 너희는 가지라 그가 내 안에, 내가 그 안에 거하면 사람이 열매를 많이 맺나니 나를 떠나서는 너희가 아무 것도 할 수 없음이라"(요 15:4-5).
단원 학습목표	본 단원에서는 그리스도인이 교제와 동행을 통해 성장하는 영적인 존재임을 안다.
단원 핵심정리	그리스도인은 교회 안에서 교제와 동행을 통한 지체들간의 관계속에서 성장한다.

단 원 소 개

본 단원에서는 청소년들의 신앙생활 중에 '그리스도인은 어떤 사람인가?' 라는 주제로 그리스도인이 구원을 얻은 이후 거기에 머무르는 것이 아니라 성도간의 교제와 주님과의 동행을 통해 하나님께서 원하시는 장성한 믿음의 분량을 소유한 자녀로 성장하는데 그 목적이 있습니다. 생명을 얻게 되면 그 생명은 자라나야 합니다. 자라지 않는다면 그것은 죽은 것과 다름이 없습니다. 하나님의 자녀인 우리가 성장할 때 주님께 기쁨이 될 것입니다.

제 4 과 그리스도인은 어떤 사람인가? 신앙편

학습목표 : 그리스도인은 구원받은 이후에도 계속 성장해야 하는 영적인 존재임을 안다.

중심진리 : 구원받은 이후에도 지속적인 성장을 해야 장성한 믿음의 분량을 가질 수 있다.

본문말씀 : 에베소서 4:13-14

Story of Life

인간은 태어나면서 성장을 시작합니다. 갓 태어난 상태로는 아무것도 할 수 없으며 생명을 가진 모든 존재는 장성한 분량으로 성장합니다. 만약 생명을 가진 존재가 성장하지 않는다면 자연은 큰 혼란에 빠질 것입니다. 육식 동물은 사냥을 못해 굶어 죽을 것이고, 초식 동물도 스스로 풀을 뜯지 못해 곧 죽을 것입니다. 사람도 역시 갓 태어나서 엄마의 도움을 받지 못하면 죽을 수밖에 없습니다. 이처럼 갓 태어난 모든 존재는 태어난 그 자체로 저절로 생명을 유지할 수 없습니다. 스스로 모든 것을 할 수 있을 때까지 성장해야 합니다. 그리스도인도 마찬가지입니다. 죽을 수밖에 없었던 영혼에 새 생명을 부어주시고 하나님을 알게 하셨는데, 그것으로 모든 것이 끝난 것은 아닙니다. 그리스도인도 영적으로 성장해야 합니다. 그래야 날마다 기쁘게 하나님과 동행할 수 있으며 세상 권세를 잡은 악한 영과 대항해 싸워 승리할 수 있습니다. 우리의 믿음이 구원을 받은 그 순간에 머물러 있다면 악한 영은 끊임없이 우리를 괴롭혀 고통받게 할 것입니다. 예수 그리스도가 세상을 이기었기 때문에 믿는 자들은 악한 영이 주는 고난에 고통받을 이유가 전혀 없습니다. 죄인이나 실패자로 살 이유는 더더욱 없습니다. 그리스도인은 아버지가 왕이시기 때문에 왕의 자녀로서 자부심을 가지고 당당하게 살아야 합니다. 그리고 그 당당함을 온전하게 누리기 위해 성장해야 합니다.

Talk Talk about Life

❖ 성장의 모델

1. 육체적으로 또 영적으로 성장하고자 할 때 모델로 삼고 싶은 사람이 있다면 누구이며 왜 닮고 싶은지 발표해 보세요.

2. 영육간에 모델로 삼고 싶은 사람이 하나님 앞에 어떻게 성장했는지 알아보고 나누어 보세요.

Standard of Life

❖ 본문탐구

1. 그리스도인이 성장해야 하는 이유는 무엇일까요?(엡 4:13-14; 창1:28)

____

____

2. 그리스도인도 세상에서 환란을 당합니다. 하지만 예수님은 어떻게 하라고 말씀하십니까?

요 16:33 ____________________________________

____

Change of Life

❖ 성장의 모형

1. 그리스도인은 어떤 사람으로 성장해야 합니까?
(욥 8:6-7; 잠 12:19, 2:7-8)

→ 그리스도인으로서 정직하지 못함으로 당했던 부끄러움이 있다면 나누어 보세요.

2. 그리스도인은 어떤 사람으로 성장해야 합니까?(잠 3:5-6, 12:15-16)

3. 그리스도인은 어떤 사람으로 성장해야 합니까?(엡 5:3-4: 벧전 1:15-16)

→ 무엇이 사람을 더럽게 합니까?(막 7:20-23)

→ 그리스도인의 언어생활은 어떠해야 합니까?(약 3:8-13)

4. 그리스도인은 어떤 사람으로 성장해야 합니까?(잠 19:11, 25:15)

Decision of Life

"우리가 이제부터 어린 아이가 되지 아니하여 사람의 속임수와 간사한 유혹에 빠져 온갖 교훈의 풍조에 밀려 요동하지 않게 하려 함이라"(엡 4:14).

이 말씀은 우리가 성장해야 하는 분명한 이유를 말하고 있습니다. 생명을 얻게 되면 그 생명은 자라나야 합니다. 자라지 않는다면 그것은 죽은 것과 다름이 없습니다. 하나님의 자녀인 우리가 성장할 때 주님께 기쁨이 될 것입니다. 또한 장성한 분량으로 성장해야 어떤 환란이 와도 이겨낼 수 있으며 하나님께서 허락하신 세상을 다스리고 정복할 수 있습니다.

제 5 과 교제함으로 성장

신앙편

학습목표 : 성도간의 교제를 통해 그리스도인이 성장할 수 있음을 안다..

중심진리 : 성도간의 교제를 통해 그리스도인이 성장하여 장성한 분량에 이를 수 있다.

본문말씀 : 요한일서 1:3-4

Story of Life

다음 중 내가 행복감을 느낄 때는 언제인가요? 해당되는 곳에 표시를 해보세요. 그리고 그 이유를 나누어 보세요.

친구와 쇼핑할 때		'너는 멋있어' 라는 말을 들었을 때	
학교 체육대회에서 이겼을 때		부모님이 나의 마음을 이해해주실 때	
경시대회에 입상했을 때		선생님이나 부모님께 칭찬받았을 때	
만원을 주웠을 때		숙제를 마쳤을 때	
내가 좋아하는 프로야구팀이 이겼을 때		맛있는 식사를 했을 때	
친구에게 위로가 되었을 때		재미있는 영화를 보았을 때	

Talk Talk about Life

❖ 교제의 의미

1. 성도간의 모습은 어떠해야 합니까?

히 10:24-25 ______________________________

엡 4:15-16 ______________________________

2. 그리스도인은 왜 교제해야 합니까?

마 18:20 "두세 사람이 내 이름으로 모인 곳에는 ______________________."

→ ______________________________

엡 4:1-4 "그러므로 주 안에서 갇힌 내가 너희를 권하노니 너희가 부르심을 받은 일에 합당하게 행하여 모든 겸손과 온유로 하고 오래 참음으로 사랑 가운데서 서로 용납하고 평안의 매는 줄로 성령이 하나 되게 하신 것을 힘써 지키라 ______ ____________이와 같이 너희가 부르심의______________ 을 받았느니라."

→ ______________________________

Standard of Life

본문탐구

❖ 본문탐구

1. 성경은 교제의 의미를 무엇이라고 정의하고 있습니까?

요일 1:3-4 ______________________________

____

2. '하나님이 기뻐하시는 성도' 로 성장하기 위해서 누구와 교제해야 합니까?

고후 6:14-16 ______________________________

딤후 2:22 ______________________________

암 3:3 ______________________________

Change of Life

❖ 교제함으로 성장하기

1. 어떻게 교제해야 합니까?

함께 기도함으로 •	• 행 2:47
떡을 떼며 •	• 골 3:16-17
위로와 격려를 함으로 •	• 히 10:24-25
말씀을 나눔으로 •	• 행 2:42
찬양함으로 •	• 마 18:19

2. 교제할 때의 태도는 어떠해야 합니까?

요일 1:3 "우리가 보고 들은 바를 너희에게도 전함은 너희로 우리와 사귐이 있게 하려 함이니 우리의 사귐은 ________________ 이라."

➜ ____

빌 2:1-5 "그러므로 그리스도 안에 무슨 권면이나 사랑의 무슨 위로나 성령의 무슨 교제나 긍휼이나 자비가 있거든__________ __________아무 일에든지 ________________ 오직 ____________으로 각각 자기보다 남을 낫게 여기고 각각 자기 일을 돌볼뿐더러 또한 각각 다른 사람들의 일을 돌보아 나의 기쁨을 충만하게 하라 너희 안에 이 마음을 품으라 곧________________이니."

➜ ____

갈 5:13 "형제들아 너희가 자유를 위하여 부르심을 입었으나 그러나 그
자유로 육체의 기회를 삼지 말고 오직 사랑으로 ________."

→ ______________________________

3. 교제를 방해하는 것은 무엇인가요?

잠 16:18 "____________ 패망의 선봉이요 거만한 마음은 넘어짐의
앞잡이니라."

→ ______________________________

롬 12:3 "내게 주신 은혜로 말미암아 너희 각 사람에게 말하노니 마땅히
생각할 ____________ 오직 하나님께서 각 사람에게 나누
어 주신 믿음의 분량대로 지혜롭게 생각하라."

→ ______________________________

히 12:2 "믿음의 주요 또 ______________ 그는 그 앞에 있는 기쁨
을 위하여 ________________________하나님 보좌
우편에 앉으셨느니라."

→ ______________________________

Decision of Life

거듭난 그리스도인은 혼자 살 수 없습니다. 하나님께서 그리스도인으로 부르실 때, 한 사람 한사람에게 주님의 몸의 각 지체로서 은사를 나누어주셨기 때문입니다. 자신이 이무리 능력이 많다고 또는 능력이 없다고 혼자 살 수는 없습니다. 능력이 많건 적건 우리는 주님의 한 지체일 뿐 더 이상 아무것도 아닙니다. 몸에 온전히 붙어있을 때에만 몸의 기능을 발휘할 수 있습니다. 그리고 서로간의 교제를 통해 그리스도인은 성장할 수 있게 됩니다.

제 6 과 동행함으로 성장 신앙편

학습목표 : 주님과 동행하는 방법을 안다.

중심진리 : 주님이 원하시는 신앙생활을 통해 주님과 동행하는 그리스도인으로 성장할 수 있다.

본문말씀 : 요한복음 15:4-5

Story of Life

어느 날 밤, 한 사람이 꿈을 꾸었습니다. 주님과 함께 해변을 걷고 있는 꿈이었습니다. 하늘 저편에 그의 삶의 장면들이 펼쳐졌습니다. 그리고 모래 위에 새겨진 두 사람의 발자국을 보았습니다. 하나는 자기 발자국이고 다른 하나는 주님의 발자국이었습니다.

인생의 마지막 장면이 비쳤을 때, 그는 모래 위의 발자국을 돌아보았습니다. 자기가 걸어 온 길에 한 사람의 발자국 밖에 없는 때가 많다는 사실을 알아차렸습니다. 그때는 바로 그의 인생에서 가장 어렵고 슬픈 시기였다는 것도 알게 되었습니다. 그것이 몹시 마음에 걸려 그는 주님께 물었습니다. "주님! 제가 주님을 따르면 항상 저와 함께 하시겠다고 말씀하지 않으셨습니까? 제가 가장 어려운 시기에는 한 사람의 발자국 밖에 없으니 왜 주님은 저를 떠나셨나요?" 주님은 대답하셨습니다. "나의 소중한 아들아! 나는 너를 사랑한단다. 네 시련과 고난의 시절에 한 사람의 발자국만 보이는 것은 내가 너를 업고 지나갔기 때문이란다."

위의 이야기를 읽고 받은 느낌을 나누어 보세요.

Talk Talk about Life

❖ 전도를 통해 성장하기

1. 전도란 무엇인가요?

행 1:8 ______________________________

막 16:15 ______________________________

2. 왜 전도를 해야 하나요?

딤후 4:1-2 ______________________________

롬 1:14 ______________________________

고전 9:16 ______________________________

❖ 예배를 통해 성장하기

1. 예배란 무엇인가요?

히 13:15 ______________________________

시 100:1-4 ______________________________

2. 예배는 어떻게 준비하나요?

창 22:1-5 ______________________________

출 20:8-9 ______________________________

3. 예배는 어떻게 드리나요?

요 4:23-24 ______________________________

시 51:16-17 ______________________________

❖ 묵상과 성경공부를 통해 성장하기

1. 묵상(QT)란 무엇인가요?

딤후 3:16 ______________________________

수 1:8 ______________________________

2. 묵상(QT)과 성경공부를 생활화했을 때 어떤 장점이 있는지 이야기해 보세요.

시 143:8 ______________________________

시 119:9-11 ______________________________

시 16:11 ______________________________

Standard of Life

❖ 본문탐구

1. 가지가 포도나무에 붙어 있지 않으면 어떻게 되나요?

2. 그리스도인이 열매를 많이 맺고 성장해야 하는 이유는 무엇인가요? (요 15:8)

Change of Life

❖ 주님과 동행하기

✲ 주님과 동행하는 방법을 실천할 수 있는 구체적인 사례를 나누어 보세요.

____

____

____

Decision of Life

우리는 누구나 그리스도인이 되면 하나님을 더 알고 싶어하고 하나님께서 원하시는 자녀로 성장하고 싶어합니다. 하나님이 원하시는 그리스도인으로 성장하는 데는 많은 요소들이 있습니다. 먼저 하나님이 누구신지를 정확히 알아야 하고 그 다음 하나님 앞에 조명된 자신의 본분과 위치를 깨달아야 합니다. 그리고 어린 아이가 어른으로 성장하는 것처럼 그리스도인도 성장해야 합니다.

"우리가 다 하나님의 아들을 믿는 것과 아는 일에 하나가 되어 온전한 사람을 이루어 그리스도의 장성한 분량이 충만한 데까지 이르리니 이는 우리가 이제부터 어린 아이가 되지 아니하여 사람의 속임수와 간사한 유혹에 빠져 온갖 교훈의 풍조에 밀려 요동하지 않게 하려 함이라 오직 사랑 안에서 참된 것을 하여 범사에 그에게까지 자랄지라 그는 머리니 곧 그리스도라"(엡 4:13-15).

하나님의 자녀인 우리가 성장할 때, 우리의 모습은 하나님께 기쁨이 될 것입니다.

신앙편 3단원

그리스도를 본받아

단 원 주 제	그리스도를 본받아
단 원 해 설	믿음을 가지고 그리스도의 제자로 산다는 것은 전혀 새로운 것이거나 거창한 것이 아닙니다. 자신에게 주어진 인생의 기회를 어떻게 이용했느냐에 따라 자신의 인생을 살았는지 아니면 예수님의 삶을 따라가는 인생을 살았는지를 말할 수 있는 것입니다. 제자가 된다는 것은 단순한 신자가 되는 것 이상을 의미합니다. 그리스도의 삶에서 성장을 하려면 헌신의 대가를 필요로 합니다. 그리스도인은 저절로 성장하지 않기 때문입니다. 본 단원을 통해 그리스도를 본받아 사는 삶이 무엇인지 알게 될 것입니다.
중 심 구 절	"이에 예수께서 제자들에게 이르시되 누구든지 나를 따라오려거든 자기를 부인하고 자기 십자가를 지고 나를 따를 것이니라 누구든지 제 목숨을 구원하고자 하면 잃을 것이요 누구든지 나를 위하여 제 목숨을 잃으면 찾으리라"(마 16:24-25)
단원 학습목표	본 단원에서는 예수님이 어떤 삶을 사셨는지, 제자의 삶은 어떠해야 하는지를 안다.
단원 핵심정리	그리스도를 본받아 제자의 삶을 살 수 있다.

단 원 소 개

본 단원에서는 예수님이 어떤 삶을 사셨는지를 알고, 그 예수님의 삶을 본받아 제자로서 삶을 어떻게 살아야 하는지에 대한 원리를 알고 그리스도의 제자로서 살아가게 하는데 그 목적이 있습니다. 예수님이 어떤 삶을 사셨는지를 아는 것은 그리스도인에게 매우 중요한 부분입니다. 예수님의 삶은 그리스도인에게 기준이 될 뿐 더러 예수님은 하나님의 뜻을 가장 잘 아신 분이기에 예수님의 삶을 따라가는 것은 곧 하나님 뜻에 순종하는 길이기도 합니다.

제 7 과 예수님의 삶

신앙편

학습목표 : 예수님이 어떤 삶을 사셨는지를 안다.

중심진리 : 예수님이 어떤 삶을 사셨는지 알고 예수님을 본받아 제자로서의 삶을 살 수 있다.

본문말씀 : 요한복음 1:1-4

Story of Life

예수님의 생애

- 예수님의 탄생 : 눅 2:11-12
- 첫 번째 이적 : 요 2:7-10
- 회당에서 성경을 낭독하심 : 눅 4:16
- 베드로의 장모집에서 병을 고치심 : 마 8:14-15
- 바리새인과 세리들에게 비난을 받으심 : 마 9:10-11
- 열두 제자를 택하심 : 눅 6:13-16
- 풍랑을 꾸짖으시는 예수님 : 마 8:26
- 죽은 야이로의 딸을 살리심 : 막 5:41
- 간음한 여인의 판결 : 요 8:7
- 기도를 가르쳐주심 : 마 6:9-13
- 예루살렘에 입성하심 : 마 21:9-10
- 최후의 만찬 : 마 26:17-29
- 겟세마네 동산에서 기도하심 : 마 26:36-46
- 예수께서 재판을 받으심 : 막 14:53-65
- 고난을 받고 골고다로 향하심 : 요 19:17
- 십자가에 못 박히심 : 마 27:35
- 예수께서 부활하심 : 요 20:11-14

위의 예수님의 생애 중 인상깊은 장면이나 감동을 받은 사건이 있으면 나누어 보세요.

Talk Talk about Life

❖ 예수님의 삶 알아보기

1. 예수님은 기도생활을 어떻게 하셨습니까?

막 1:35 ______________________________

마 26:39 ______________________________

2. 예수님은 전도생활을 어떻게 하셨습니까?

눅 9:1-2 ______________________________

눅 17:20-21 ______________________________

3. 예수님은 어떤 능력들을 보이셨습니까?

요 2:7-9 ______________________________

눅 8:54-55 ______________________________

마 8:26 ______________________________

눅 11:14 ______________________________

4. 예수께서 하나님의 뜻과 영광을 위하여 행하신 최고의 선택은 무엇입니까?

____

____

Standard of Life

❖ 본문탐구

1. 태초에 하나님과 함께 계셨고 사람들의 빛이 되신 그분은 누구입니까?

2. 하나님의 자녀가 되는 방법은 무엇입니까?(요 1:10-12)

Change of Life

❖ 예수님의 삶 따라가기

✲ 예수님의 삶을 따라 사는 것은 본인에게 영광되면서 큰 헌신을 요구하게 됩니다. 예수님의 삶을 돌이켜보면서 하나님께서 본인에게 주신 계획과 뜻이 있다면 그것이 무엇인지 나누어보고 실천 가능한 계획을 세워 보세요.

Decision of Life

예수님은 이 땅에 태어나실 때부터 하나님 아버지의 계획과 뜻에 의해서 태어나셨으며, 하나님 아버지의 뜻과 영광을 위해 죽음까지도 선택하셨습니다. 예수님은 그분 자신이 하나님이면서도 끊임없이 기도하셨고, 사람들에게 하나님의 나라를 소개하시면서 죄 사함 받을 것을 가르치셨습니다. 그분은 하나님이 원하지 않는 일은 한 번도 하지 않으셨으며, 하나님을 모르는 사람들을 향해 긍휼한 마음을 가지셨습니다. 예수님은 처음부터 마지막까지 철저히 하나님의 뜻에 따라 태어나셨고, 삶을 사셨으며 또한 하나님의 뜻을 이루신 분이셨습니다.

제 8 과 제자의 삶 I (제자도) 신앙편

학습목표 : 제자로서의 삶의 원리를 안다.

중심진리 : 제자로서의 삶의 원리를 알고 선택받은 제자의 삶을 살면 하나님으로부터 풍성한 생명과 은혜를 받을 수 있다.

본문말씀 : 마태복음 16:24-25

Story of Life

그리스도인들은 세상 사람들에게 기독교인이기 때문에 칭찬을 받는 경우도 있지만 미성숙한 행동 때문에 비난을 받는 경우도 있습니다. 비난을 받을 때와 칭찬을 받을 때의 사례를 이야기해보고 그 이유가 무엇인지 발표해 보세요.

비난을 받을 때	칭찬을 받을 때

✲ 그리스도인이 되는 것은 세상적 가치관을 가지고 살던 사람이 예수님을 구주로 영접하고 하나님의 자녀가 되어 성경적 가치관으로 성품이 변화되는 것을 의미합니다. 우리가 가지고 있던 세상적 가치관이 어떻게 바뀌어야 할까요? 예를 들어 보세요.

✲ 기독교인이 세상 사람들에게 비난을 받는 이유는 기독교 자체에 문제가 있기보다 변화되지 못하고 미성숙한 기독교인들에게 문제가 있다고 봅니다. 사람은 처음부터 죄인이었기 때문에 어쩔 수 없는 한계가 있지만 그래도 하나님을 믿는 자녀가 되었으면 하나님께서 원하시는 성품으로 변해야 하는 면도 있습니다. 본인이 바뀌어야 할 성품이 있다면 나누어 보세요.

Talk Talk about Life

❖ 예수님이 우리의 길입니다.

✲ 예수님은 우리의 무엇이라고 말씀하고 있습니까?

요 14:6 ______________________________

마 6:33-34 ______________________________

❖ 예수님의 제자는 주님이 종이 되셨던 것처럼 종이 되어야 합니다.

✲ 하나님의 종이 되기 위해서 우리는 어떻게 만들어져야 합니까?

렘 18:1-6 ______________________________

❖ 예수님은 그의 제자 들을 통해 일하십니다.

✲ 하나님은 자신의 일을 항상 누구에게 계시하셨으며 예수님은 열두 제자 중에서도 누구를 가까운 거리에 두셨습니까?

출 3:8, 10 ______________________________

막 5:37-43 ______________________________

Standard of Life

본문탐구

❖ 본문탐구

1. 자기를 부인하고 자기 십자가를 진다는 의미가 무엇인지 발표해 보세요.

2. "제 목숨을 구원하고자 하면 잃을 것이요 누구든지 나를 위하여 제 목숨을 잃으면 찾으리라"는 말씀의 의미가 무엇인지 발표해 보세요.

틴틴파워 인 지저스 신앙편

Change of Life

❖ 제자로 살아가기

✲ 아래의 질문에 답을 하고 그 의미를 나누어 보세요.

* 당신은 그리스도인입니까?
* 당신은 정말로 예수의 제자가 되기를 원하십니까? '예' 라면, 어떤 삶을 살아야 할까요?
* 당신은 기꺼이 자신을 '부인' 하고 자신의 이익을 위해 살기보다 주님의 뜻을 따르는 제자가 될 수 있습니까?
* 만일 '자기를 부인한다' 라는 것이 습관이나 혹은 삶의 방향을 바꾸는 것이라면 기꺼이 그렇게 하겠습니까?
* 지금 당신이 그리스도의 제자가 되려는데 방해가 되는 요소가 있습니까?

Decision of Life

예수님의 제자가 되는 것은 그냥 믿기로 작정하는 것으로 그치지 않습니다. 그분이 이 세상에서 어떻게 사셨는지 어떻게 하나님의 뜻을 이루셨는지를 알고 그분이 사셨던 것처럼 하나님의 영광을 위해 자신의 삶을 적극적으로 바꾸는 자세가 필요합니다. 마태복음 16장 24-25절의 말씀처럼 예수님의 제자라고 하면서 현실에 안주하고 자기의 욕심을 위해 살아가면 목숨을 잃을 것이지만, 예수 그리스도를 위해 현실의 삶을 포기할 수 있는 자는 다시 말해 예수 그리스도를 위해 받는 고통을 마다하지 않는 자는 하나님으로부터 풍성한 생명과 은혜를 받을 것입니다. 이처럼 예수 그리스도를 따르고 하나님의 나라를 위해 살아간다는 것은 단순한 감정이나 일시적인 충동에 의해서 이루어지지 않습니다. 이 땅에서 그분의 제자로 산다는 것은 끝없는 생명에의 도전이며 자기희생입니다. 자기의 욕심과 이익을 생각하는 자는 결코 예수 그리스도를 생각할 수 없습니다.

제 9 과 제자의 삶 Ⅱ

신앙편

학습목표 : 믿음의 조상(선배)이 어떤 제자의 삶을 살았는지 안다.

중심진리 : 믿음의 조상(선배)이 어떤 제자의 삶을 살았는지를 알고 자신도 같은 제자의 삶을 살 수 있다.

본문말씀 : 신명기 6:4-9

Story of Life

본인이 좋아하거나 존경하는 성경 속의 인물이 있다면 그가 누구이며 왜 좋아하는지를 나누어 보세요.

좋아하는 성경의 인물이 어떻게 살았는지 어떤 점을 모델로 삼을 것인지 나누어 보세요.

Talk Talk about Life

제자되기

1. 제자의 언어사용은 어떠해야 합니까?

잠 12:18 ______________________________

잠 18:6 ______________________________

잠 12:6 ______________________________

눅 6:45 ______________________________

2. 제자는 하나님과 사람 앞에 어떤 모습이어야 합니까?

갈 6:7 ______________________________

요일 1:9 ______________________________

시 33:4 ______________________________

잠 12:6 ______________________________

3. 제자의 시간관리는 어떠해야 합니까?

마 6:33 ______________________________

시 90:12 ______________________________

4. 제자가 피해야 할 것은 무엇입니까?

고전 10:12 ______________________________

약 1:26 ______________________________

Standard of Life

본문탐구

❖ 본문탐구

1. 하나님의 말씀을 대하는 제자의 태도는 어떠해야 합니까?(신 6:4-5)

2. 평소에 우리는 말씀을 어떻게 받아들여야 합니까?(신 6:6-9)

Change of Life

❖ 제자로 비전 세우기

1. 예수께서 부활 승천하시면서 제자들에게 주신 마지막 말씀은 무엇입니까?(마 28:19-20)

____

____

2. 예수님의 제자로서 가져야 할 그리스도의 마음은 무엇입니까?(빌 2:5-8)

____

____

Decision of Life

믿음을 가지고 그리스도의 제자로 산다는 것은 새로운 것이거나 거창한 것이 아닙니다. 자신에게 주어진 인생의 기회를 어떻게 이용했느냐에 따라 자신의 인생을 살았는지 아니면 예수님의 삶을 따라가는 인생을 살았는지를 말할 수 있는 것입니다. 청소년기에 있는 우리 학생들은 모든 민족을 제자로 삼고 아버지와 아들과 성령의 이름으로 침례(세례)를 베푸는 꿈과 비전을 가질 수 있습니다. 지금부터 하나님의 잃어버린 영혼을 구하기 위해 준비하고 훈련한다면 하나님께서는 분명히 하나님의 영광을 위해 귀한 일꾼으로 쓰실 것입니다.

신앙편

4단원 그리스도인의 삶

단 원 주 제 그리스도인의 삶

단 원 해 설 하나님의 뜻을 알고 행하려면 자신을 부인하고 하나님 중심의 삶으로 돌아가야 합니다. 그렇게 할 때 우리는 예수님이 긍휼한 마음으로 인간을 구원하신 것처럼 예수님의 마음을 닮아 긍휼한 마음을 가지고 이웃을 도울 수 있습니다. 예수님이 오신 것은 섬김을 받으려 함이 아니요 섬기기 위해 오셨는데 섬기는 일은 쉬운 것이 아닙니다. 자기의 의는 완전히 죽이야 합니다. 대가도 없습니다. 그리고 고난도 따릅니다. 본 단원을 통해 먼저 섬김의 본을 보여 주신 예수님의 삶을 보며 그럼 우리는 어떻게 살아야 하는지를 아는 기회가 되었으면 합니다.

중 심 구 절 "내가 진실로 진실로 너희에게 이르노니 한 알의 밀이 땅에 떨어져 죽지 아니하면 한 알 그대로 있고 죽으면 많은 열매를 맺느니라 자기의 생명을 사랑하는 자는 잃어버릴 것이요 이 세상에서 자기의 생명을 미워하는 자는 영생하도록 보전하리라"(요 12:24-25).

단원 학습목표 하나님의 뜻을 알고 하나님 중심의 삶을 살 수 있다.

단원 핵심정리 예수님의 섬김의 삶을 통해 하나님의 사랑을 알 수 있다.

단 원 소 개

본 단원은 하나님 중심의 삶과 자기(본인) 중심의 삶의 차이를 인식하고 청소년들이 하나님 중심의 삶을 살아 거룩하고 성숙한 그리스도인이 될 수 있도록 인도하는데 그 목적이 있습니다. 예수님이 이 땅에 오신 것은 섬김을 받으려 함이 아니요 도리어 섬기러 오신 것임을 말하고 있습니다. 청소년들이 하나님의 뜻을 알고 행하려면 자신을 부인하고 하나님 중심의 삶으로 돌아가야 합니다. 그렇게 될 때 하나님께서는 창세전부터 계획하신 목적을 우리를 통해 성취하실 수 있습니다.

제 10과 하나님 중심으로 사는 삶

신앙편

학습목표 : 하나님의 뜻을 알고 하나님 중심의 삶을 살 수 있다.

중심진리 : 하나님의 뜻을 알고 행하려면 자신을 부인하고 하나님 중심의 삶으로 돌아가야 한다.

본문말씀 : 요한복음 12:24-25

Story of Life

하나님 중심인지 자기 중심인지 구분해 보세요.

- 인생의 초점이 자기에게 맞춰짐 (하나님 중심, 자기 중심)
- 자기를 신뢰함 (하나님 중심, 자기 중심)
- 하나님과 하나님의 능력과 채워주심에 의존함 (하나님 중심, 자기 중심)
- 이기적이고 평범한 생활 (하나님 중심, 자기 중심)
- 자기를 부인함 (하나님 중심, 자기 중심)
- 거룩하고 경건한 생활 (하나님 중심, 자기 중심)
- 자기 자신과 자기가 이루어 놓은 것에 대해 자랑스럽게 생각함 (하나님 중심, 자기 중심)
- 사람의 입장에서 환경을 바라봄 (하나님 중심, 자기 중심)
- 자신과 자신의 능력에 의존함 (하나님 중심, 자기 중심)
- 하나님 앞에 겸손함 (하나님 중심, 자기 중심)
- 하나님의 나라와 그의 의를 먼저 구함 (하나님 중심, 자기 중심)
- 세상과 세상의 방식에 받아들여지기를 바람 (하나님 중심, 자기 중심)
- 하나님을 신뢰함 (하나님 중심, 자기 중심)
- 하나님과 하나님이 하고 계신 일에 인생의 초점을 맞춤 (하나님 중심, 자기 중심)
- 자기를 세우고 높임 (하나님 중심, 자기 중심)
- 하나님의 입장에서 모든 환경을 봄 (하나님 중심, 자기 중심)

✲ 하나님 중심의 삶과 자기(본인) 중심의 삶은 어떤 차이가 있나요?

____

____

____

Talk Talk about Life

❖ 하나님 중심

1. 생활 속에서 하나님 중심으로 사는 사례가 있다면 발표해 보세요.

____

____

2. 성경은 하나님 중심의 삶을 어떻게 말하고 있나요?

마 6:33 ____

시 33:12 ____

❖ 자기 중심

✲ 생활 속에서 자기(본인) 중심으로 살았던 사례가 있다면 발표해 보세요.

____

____

Standard of Life

말씀탐구

❖ 본문탐구

1. 요한복음 12장 24-25절은 하나님 중심으로 살기 위해 우리에게 어떤 헌신을 요구하고 있나요?

2. 시편 20편 7절의 의미가 무엇인지 알아보고 하나님의 이름을 자랑함으로 받은 은혜나 간증이 있다면 나누어 보세요.

틴틴파워 인 지저스
신앙편

Change of Life

❖ 하나님 중심으로 살기

1. 하나님 중심으로 사는 삶과 자기(본인) 중심으로 사는 삶은 어떤 차이가 있는지 사례를 들어 설명해 보세요.

____

____

2. 하나님 중심으로 살면 우리는 어떤 유익을 얻게 되나요?

요 5:24 ______________________________

요 1:12 ______________________________

롬 1:10 ______________________________

요 14:27 ______________________________

Decision of Life

하나님 중심의 삶은 생활의 기준과 중심이 하나님께 있습니다. 하나님 중심으로 살게 되면 범죄하지 않게 되며 자신을 거룩하고 성숙한 하나님의 자녀로 만들어갈 수 있습니다. 반면 자기(본인) 중심의 삶은 자기가 모든 것을 할 수 있고 행복하고 즐거울 것 같지만, 결국 죄의 올무에 깊이 빠질 것이며 곧 자신의 한계를 드러내며 그 한계를 극복하기 위해 정당하지 못한 경쟁으로 이기려고 노력할 것입니다. 하나님 중심으로 사는 것이 때로는 자기주관이 없어 보이고 미련해 보여도 그것이 인간이 가져야 할 자아정체감입니다. 인간은 하나님을 떠나서는 자신을 발견할 수 없고 진리를 찾을 수도 없습니다. 우리는 삶의 방향을 하나님 쪽으로 돌이켜야 합니다. 자신의 계획이 아닌 하나님의 목적에 내 인생의 초점을 맞추어야 합니다.

제11과 긍휼

신앙편

학습목표 : 성경에서 말하는 긍휼의 개념을 알고 행할 수 있다.

중심진리 : 예수님이 긍휼한 마음으로 인간을 구원하신 것처럼 예수님의 마음을 닮아 긍휼한 마음을 가지고 이웃을 도울 수 있다.

본문말씀 : 누가복음 10:25-37

Story of Life

긍휼의 의미에 대해 이야기해 보세요.

____

____

당신이 알고 있는 그리스도인 가운데 긍휼이 넘치는 사람이 있는지 생각해 보세요. 그 사람의 어떤 면이 다른 사람과 구별됩니까?

____

____

____

Talk Talk about Life

❖ 하나님의 긍휼

1. 성경에서 긍휼의 본을 보이신 분은 누구인가요?(롬 5:8)

2. 하나님의 긍휼하심의 결과가 무엇인가요?(애 3:22)

Standard of Life

말씀탐구

❖ 본문탐구

1. 강도를 만난 자의 이웃은 누구인가요?(눅 10:37)

2. 제사장과 레위인이 강도 만난 사람을 피해 간 이유는 무엇인가요?

3. 우리가 어려운 이웃에 처한 사람을 피해 간다면 이유는 무엇인가요?

4. 사마리아인이 강도 만난 사람을 보고 어떻게 행동했나요?
(눅 10:33-35)

Change of Life

❖ 긍휼의 마음 갖기

1. 학교나 교회에서 긍휼의 마음을 갖게 하는 친구들이 있는지 나누어 보세요.

____

____

2. 가까운 주변 이웃을 포함해 사회적으로 긍휼의 마음을 갖게 하는 이웃들이 있는지 나누어 보세요.

____

____

3. 그리스도인이라면 반드시 가져야 할 긍휼의 마음이 있습니다. 그것은 무엇일까요?

딤후 4:2 ______________________________

요 3:16-17 ______________________________

Decision of Life

예수님은 긍휼의 마음을 직접 실행에 옮기심으로 사랑을 확증하신 분입니다. 우리가 긍휼의 마음을 갖는 것과 그 마음을 실행에 옮기는 것은 매우 중요한 믿음의 행위이며 몸으로 보여주는 신앙의 고백입니다. 예수님은 그의 생애 전체뿐 아니라 죽음에 이르기까지 죄인들을 향한 긍휼의 마음뿐이셨습니다.

'누가 나의 이웃이고 친구인가'라는 질문에서 나에게 도움을 주고 내 영역을 침해하지 않는 사람들만 이웃이고 친구가 아니라, 예수님이 주시는 마음으로 이웃과 친구를 바라보며 애통한 마음, 불쌍한 마음이 든다면 그가 바로 나의 이웃이고 친구입니다. 예수님을 떠난 긍휼의 마음은 나의 의를 드러내는 죄된 마음이지만, 예수님이 주시는 긍휼의 마음은 세상에서 가장 아름다운 사랑의 관계를 만들어주는 고리역할을 해줍니다.

제12과 섬김

신앙편

학습목표 : 성경에서 말하는 섬김의 개념을 알고 행할 수 있다.

중심진리 : 예수님이 오신 것은 섬김을 받으려 함이 아니요 섬기기 위해 오신 것임을 알 수 있다.

본문말씀 : 마가복음 10:35-45

Story of Life

'섬김' 이라는 단어를 들을 때 어떤 생각이 드는지 이야기해 보세요.

빌립보서 2장 5절에 나오는 그리스도 예수의 마음이 무엇인지 이야기해 보세요.

Talk Talk about Life

❖ 예수님의 섬김

1. 당신이 알고 있는 그리스도인 중에 섬김의 본을 보여준 사람이 있습니까? 있다면 어떻게 섬기고 있는지 이야기해 보세요.

2. 하나님과 동등한 분이신 예수님이 섬기는 종으로 오시기 위해 지불한 대가는 무엇인가요?(빌 2:6-8)

3. 요한복음 13장에는 예수님이 제자들의 발을 씻기시는 장면이 나옵니다. 이처럼 예수님은 오늘도 우리에게 제자들과 똑같이 말씀을 통해 발을 씻어주고 계십니다. 이에 우리는 어떻게 섬김의 모습을 보일 것인지 서로 이야기해 보세요.

Standard of Life

말씀탐구

❖ 본문탐구

1. 우리가 섬김의 삶을 살아야 하는 이유는 무엇입니까?(막 10:45)

2. 예수님의 제자들 사이에서 '누가 더 큰 자인가?' 에 대한 다툼이 일어납니다. 예수님은 이 갈등을 어떻게 해결하셨습니까?(막 10:44-45)

3. 섬김의 뒤에는 무엇이 따라옵니까?(막 10:40)

Change of Life

❖ 섬김의 마음 갖기

1. 빌립보서에서 말하는 섬김의 자세는 무엇인가요?(빌 2:2-4)

2. 에바브로디도는 바울과 빌립보 교인들을 어떻게 섬겼습니까?(빌 2:25-30)

3. 이번 주에 내가 섬길 대상이 누구인지를 정해서 그를 어떻게 섬길 것인지 나누어 보세요.

Decision of Life

예수님은 "인자가 온 것은 섬김을 받으려 함이 아니라 도리어 섬기려 하고 자기 목숨을 많은 사람의 대속물로 주려 함이니라"(막 10:45)고 말씀하셨습니다. 그렇다면 예수님을 따르기로 작정한 우리 역시 이 말씀대로 살아야 합니다.

섬김은 결코 쉽지 않습니다. 속으로 '한번쯤 해볼 수 있겠다'라고 생각해서 할 수 있는 것이 아닙니다. 섬김은 내 의를 완전히 죽이는 것이고 날마다 자기 십자가를 지는 고난의 길입니다. 섬김의 과정에서 경험하는 가장 보편적인 실망이 있다면, 당장 보상이 주어지지 않는다는 것입니다. 섬김에는 노력의 대가가 주어지지 않습니다. 하지만 하나님은 섬기는 자들을 위해 영광의 자리를 마련해 두십니다. 그것은 예수님이 받으신 영광을 통해서도 알 수 있습니다. 그러기에 주님은 고난도 기꺼이 감수하셨고, 우리보다 먼저 섬김의 모습을 보여주셨습니다.

생활편

청·소·년·핵·심·공·과

틴틴파워 인 지저스

TEEN TEEN POWER IN JESUS

5권

요단

틴틴파워 5권
인 지저스
생활편

Contents

1단원 내면의 공간(나)

단 원 주 제 내면의 공간(나)

단 원 해 설 우리는 자신이 어디에서 왔으며 그리스도 안에서 할 수 있는 능력들에는 어떤 것이 있는지 개발하고 찾아낼 필요가 있습니다. 또 자신의 존재와 상관없이 끊임없이 사람들에게 비난을 받고, 부끄럽고 수치스러운 존재라는 소리를 들어온 자신에게 나는 부끄럽고 수치스러운 존재가 아니라 훌륭한 하나님의 자녀라는 것을 아는데 목적이 있습니다. 우리는 하나님의 자녀임에도 불구하고 자부심을 갖고 당당하게 살지 못하고, 사람들에게 조금이라도 부정적인 말을 듣게 되면 의기소침해지고 자기 스스로를 속여가며 정말 아무 가치없는 존재라고 생각하며 사는 경우가 많습니다. 하지만 그것은 원수가 우리와 하나님과의 관계를 끊어 놓기 위한 계략에 불과한 것임을 알아야 합니다.

중 심 구 절 "내 영혼아 여호와를 송축하라 내 속에 있는 것들아 다 그의 거룩한 이름을 송축하라 내 영혼아 여호와를 송축하며 그의 모든 은택을 잊지 말지어다 그가 네 모든 죄악을 사하시며 네 모든 병을 고치시며 네 생명을 파멸에서 속량하시고 인자와 긍휼로 관을 씌우시며 좋은 것으로 네 소원을 만족하게 하사 네 청춘을 독수리 같이 새롭게 하시는도다"(시 103:1-5).

단원 학습목표 본 단원에서는 하나님이 나를 자유케 하셨기에 자유함을 누릴 수 있음을 안다.

단원 핵심정리 하나님이 나를 자유케 하셨기에 나는 스스로의 속박에서 벗어나 기쁨과 감사의 생활을 할 수 있다.

단 원 소 개

본 단원은 자신의 내면의 공간에서 정체감을 찾고 그 정체감 중심에 예수 그리스도를 모심으로 자신의 능력을 개발하고 하나님께서 주시는 기쁨과 감사함으로 자신을 세워가는데 그 목적이 있습니다. 또한 하나님이 주시는 은혜와 용서를 경험함으로 어느 누구도 자신을 정죄하지 못함을 알게 될 것입니다.

제 1 과 내 능력

생활편

학습목표 : 자신이 할 수 있는 모든 일은 하나님 안에서 가능한 것임을 안다.

중심진리 : 자신이 할 수 있는 모든 능력은 하나님께서 주신 것임을 알 수 있다.

본문말씀 : 빌립보서 4:9-13

Story of Life

장래에 내가 가지고 싶은 직업은 무엇인지 나누어 보세요.

장래의 직업을 갖기 위해 어떻게 노력하고 무엇을 준비해야 하는지 나누어 보세요.

Talk Talk about Life

❖ 내 능력

✻ 지금 현재 내 위치에서 하고 싶은 일이 있다면 무엇인가요?

✻ 내가 할 수 있는 일에는 무엇이 있을까요?

✻ 내가 하고 싶지만 할 수 없는 일은 무엇이 있나요?

Standard of Life

❖ 본문탐구

✲ 하나님께서 나에게 주신 달란트가 있다면 무엇인지 나누어 보세요.

✲ 빌립보서 4장 13절의 "내게 능력 주시는 자 안에서 내가 모든 것을 할 수 있느니라"는 말씀의 의미는 무엇인가요?

✲ 이사야 41장 10절과 욥기 8장 7절을 묵상하며 하나님께서 자신에게 어떤 격려를 하셨는지 나누어 보세요.

❖ 내 한계 극복하기

✲ 내가 하고 싶은 일에 도움을 받는다면 어떤 도움을 받고 싶은가요?

✲ 내가 주위의 도움을 받는다면 어떤 일을 할 수 있을까요?

Decision of Life

사람들은 저마다 가지고 있는 능력들이 있습니다. 그리고 그 능력을 가지고 인생을 살아갑니다. 능력이 많은 사람도 있고, 능력이 다른 사람보다 한참 모자라는 사람도 있습니다. 그 능력들은 때로 자신과 다른 사람들에게 이로움이 되기도 하지만 해가 되어 상처를 주기도 합니다. 그리스도인들도 저마다 가지고 있는 능력들이 있습니다. 하지만 이 능력은 100% 하나님께서 주신 능력임을 알 필요가 있습니다. 그것을 모르면 그 능력은 하나님 앞에 죄된 모습으로 나타나기 때문입니다.

사도 바울은 자신의 능력이 무엇인지 충분히 알았던 사람이었습니다(빌 4:13). 사도 바울은 비천에 처했을 때도 하나님을 보았고, 풍부에 처했을 때도 하나님을 보았고, 배부를 때도 하나님을 보았고, 배고플 때도 하나님을 보았습니다. 그리고 그 하나님으로 인해 항상 감사하고 기뻐할 수 있었습니다. 이것은 상황에 따라 하나님 앞에 환경을 바꾸어 달라는 기도와는 다른 차원의 성숙한 모습이었습니다. 사도 바울이 가졌던 능력은 어떠한 상황에 있든지간에 하나님과 함께 있었다는 것입니다. 우리 자신도 우리에게 있는 능력을 충분히 알고 그것을 하나님 안에서 이룬다면 하나님이 사용하시는 귀한 일꾼이 될 것입니다.

제 2 과 내 수치(부끄러움)

생활편

학습목표 : 나는 수치스러운 존재가 아니라 훌륭한 하나님의 자녀임을 안다.

중심진리 : 하나님을 앎으로 수치스러운 존재에서 벗어나 당당하고 훌륭한 하나님의 자녀로 성장할 수 있다.

본문말씀 : 로마서 8:1-2

Story of Life

우리 모두는 끊임없이 비난에 둘러싸여 있습니다. 그 비난은 때로는 신랄하고 노골적이며 때로는 잠잠합니다. 그러나 소리없이 비난을 당한다고 해서 덜 고통스러운 것은 아닙니다. 우리 모두는 겉으로 드러내지는 않더라도 다른 사람들의 비난에 민감합니다. 자기 확신에 차 있는 사람이 비난을 가장 잘 견뎌낼 수 있습니다. 그들은 자기 자신을 옹호하고 타인의 말에 반박하며 자신에 대한 비난에 맞서 타인을 비난하는데, 이렇게 되면 그들을 비난한 사람이 잘못한 것처럼 되어 버립니다. "우리 언니는 자기 의견에 대해 너무 절대적이어서 언니의 의견에 동의하지 않는 사람은 오히려 죄책감을 느끼게 돼요!" "점점 언니 집에 가기 싫어져요. 언니 집을 나설 때면 언니는 으레 '뭐라구? 벌써 간단 말이야?' 라며 비난하는 말투로 말하기 때문에 죄책감이 들거든요." 비난뿐만 아니라 충고도 다른 사람을 깎아내릴 수 있습니다. 요구되지 않은 충고는 어떤 것이든 베일에 가려진 비난을 숨기고 있습니다. "내가 당신이라면 이런저런 식으로 할텐데"라는 말은 상대방의 행동 방식이 올바르지 않다는 점을 암시합니다. 그래서 많은 열성적인 부모들은 훌륭한 충고로 아이들을 무기력하게 만듭니다. 그들은 아이들로 하여금 스스로 올바른 행동 방식을 찾을 수 없다는 것을 깨닫게 하고, 아이들 마음속에 자신이 부족하다는 생각의 씨앗을 심어줍니다. 이와 유사하게 모든 훌륭한 권면은 죄책감을 불러 일으킵니다. "넌 이걸 해야 하고 또 저걸 해야해. 참아야 해. 버텨야 해. 받아들여야 해. 희망을 가져야 해. 싸워야 해…."그러면 마음이 약한 사람은 인내심과 희망이 없고 적절하게 대응하고 수용하지 못하는 자신에 대해 죄책감을 느끼게 됩니다.

(출처: 폴투르니에, ≪죄책감과 은혜≫, 도서출판 IVP)

Talk Talk about Life

❖ 내 수치(부끄러움)

✲ [Story of Life]의 글은 '죄책감과 은혜' 라는 책에 나오는 일부분입니다. 함께 읽고 그 의미를 나누어 보세요.

✲ 스스로에게 불만스러운 일이 있거나 자신에게 수치스러운(부끄러운) 일이 있었다면 함께 나누어 보세요. 또 왜 그런 생각을 했는지 나누어 보세요.

✲ 자신이 남에게 감추고 싶은 것이 있다면 무엇인지 생각해 보세요. '자신의 행동' 이나 '외모', '하는 말' 중에 찾아보고 몇 개나 되는지 세어 보세요.

내 행동 :

내 외모 :

내가 하는 말 :

Standard of Life

❖ 본문탐구

✻ '예수 안에 있는 자에게는 결코 정죄함이 없다' 는 말씀의 의미는 무엇인가요?

✻ 하나님도 정죄하지 않으시는 것을 인간이 마음에 들지 않는다고 정죄를 하면 어디에 속한 사람입니까?(롬 8:5-9)

❖ 내 수치(부끄러움) 극복하기

✲ 사람들은 왜 자신의 부끄러움이나 수치를 감추려고 할까요?

✲ 자신의 부끄러움과 수치를 극복하기 위해 어떤 방법이 필요할까요?

Decision of Life

예수 그리스도를 믿지 않는 사람들은 그 믿지 않음으로 이미 죄인이라는 정죄함을 받았지만 예수 그리스도를 믿는 사람들은 예수 그리스도를 영접하는 순간 죄에서 자유함을 얻었기 때문에 어떤 생각과 행동에도 정죄함을 받지 않습니다. 물론 자신이 잘못된 행동을 했을 경우 그 행동에 대한 대가로 하나님과의 관계에서 해결해야 할 부분은 있지만 어느 누구에게도 비난이나 정죄함을 받을 필요는 없습니다. 인간이기에 나타나는 미성숙한 인격의 모습은 있을 수 있지만 예수 안에 있으면 그것소차도 덮고 이해하고 감싸주어야 합니다. 하나님 앞에 완벽한 사람은 아무도 없기 때문입니다.

제 3 과 나(자신) 용서하기

생활편

학습목표 : 하나님이 나를 자유케 하셨기에 나는 자유함을 누릴 수 있다.

중심진리 : 하나님이 나를 자유케 하셨기에 나는 스스로의 속박에서 벗어나 기쁨과 감사의 생활을 할 수 있다.

본문말씀 : 시편 103:1-5

Story of Life

인간사란 것이 수수께끼 같이 난해할 때가 많습니다. 뻔히 나쁜 것인지 알면서도 그것을 하고 있는 우리를 발견할 때가 더러 있고, 어떤 경우는 용서할 마음이 있는데도 하지 못하고 괴로워하는 경우도 있는 것입니다. 사도 바울이 죄와 싸우는 인간의 이런 모습을 잘 표현해주고 있습니다.

"이제는 그것을 행하는 자가 내가 아니요 내 속에 거하는 죄니라 내 속 곧 내 육신에 선한 것이 거하지 아니하는 줄을 아노니 원함은 내게 있으나 선을 행하는 것이 없노라 내가 원하는 바 선은 행하지 아니하고 도리어 원하지 아니하는 바 악을 행하는도다 만일 내가 원하지 아니하는 그것을 하면 이를 행하는 자가 내가 아니요 내 속에 거하는 죄니라"(롬 7:17-20).

인간 마음 속에서 용서를 발견하는 것은 은혜인 동시에 신비입니다. 아놀드도 이렇게 말하고 있습니다. '아무리 명석하게 인간의 감정을 분석한다 해도 용서의 의지만큼은 만족스럽게 설명하지 못할 것이다'. 그러나 '나는 하고 싶어도 도저히 용서할 수 없다'는 식의 감정은 변명이 될 수 있습니다. '용서할 수 없다'와 '용서하지 않겠다'는 별 차이가 없는 말입니다. 용서는 우리 편에서의 선택과 하나님 편에서의 은혜를 다 포함하는 것입니다. 그렇다면 용서할 수 없거나 할 의도가 없는 우리 자신을 발견할 때 우리는 무엇을 할 수 있을까요? 기도하는 것 말고 도움이 되는 것이 있기나 한 것일까요? 용서의 씨앗이 자랄 수 있는 토양을 준비하기 위해 우리가 할 수 있는 일은 무엇일까요?

(출처: 요한 크리스토프 아놀드, ≪용서:잃어버린 기술≫, 쉴터)

Talk Talk about Life

❖ 자신의 문제 들추기

✲ 내 안에 자신에 대한 불만이 있다면 어떤 것들이 있는지 나누어 보세요.

✲ 지금까지 자신의 문제나 불만을 어떻게 처리해 왔습니까?

Standard of Life

본문탐구

❖ 본문탐구

✲ 내 영혼과 내 속에 있는 모든 것들의 본분은 무엇입니까?(시 103:1-2)

✲ 하나님은 우리를 어떻게 용서하셨습니까?(시 103:3-5)

✲ 자신의 마음을 스스로 주장하게 되면 상황에 따라 마음의 변동이 심하게 됩니다. 평안하기 위해 우리의 마음을 어떻게 해야 합니까?(골 3:15)

❖ 자기 자신 용서하기

✲ 자기 자신을 용서한다는 의미는 무엇이며, 자기 자신을 용서한다면 무엇을 용서할 수 있을까요?

✲ 용서를 통해 얻을 수 있는 유익은 무엇이 있나요?

✲ 우리가 자신을 용서해야 하는 이유는 무엇입니까?

✲ 하나님께 용서를 구하는 기도문을 써보세요.

Decision of Life

자기 자신을 용서한다는 것은 현재 자기 자신의 모습을 받아들인다는 것과 같은 것입니다. 우리 인간은 항상 다른 사람과 비교하며 더 좋은 것을 얻기 위해 노력합니다. 그리고 그 노력은 서로간의 비교에서 나오는 것이며 그것은 욕심을 만들고 그 욕심은 죄로 발전합니다. 하나님께서 나를 지으셨을 때 다른 사람보다 탁월하며 월등하라고 만든 것이 아니라, 하나님의 형상을 닮아 하나님을 찬양하고 영광을 돌리라고 만드셨습니다. 그렇다면 우리는 그 본분에 충실해야 합니다. 우리는 하나님으로 인해 만족하고 감사해야 합니다. 중요한 것은 내가 끊임없이 노력해서 성취감을 얻는 것이 아니라, 내게 주어진 일을 충실히 행함으로 하나님과의 관계를 지속시키는 것입니다.

자신에 불만이 있다는 것은 지금의 내 모습이 마음에 들지 않는다는 것입니다. 우리는 그 이유가 무엇인지 원인을 분명히 알아야 합니다. 자신의 욕심 때문인지 아니면 하나님을 모르기 때문이지 원인을 분명히 알고 거기에 맞게 행동해야 합니다.

생활편 2단원 가정의 공간(가정)

단 원 주 제 가정의 공간(가정)

단 원 해 설 신앙의 힘은 가족 구성원들의 사랑과 헌신, 포기와 양보 등을 통해 발휘될 수 있습니다. 하지만 현대 가정은 '대학입시'라는 전제에 막혀 전인적인 교육보다 지식만 전달하는 교육으로 치우쳐 있고, 과정은 무시한채 최고의 자리에 무조건 올라야 하고 자신보다 연약한 친구는 돌봄과 배려의 대상이 아닌 경쟁에서 눌러 이겨야 하는 대상으로 가정에서 가르치고 있는 실정입니다. 본 과를 통해 하나님께서 허락하신 가정의 의미가 무엇이고 가정을 통해 무엇을 얻을 수 있는지 하나님께서 왜 가정을 소중히 여기셨는지를 알게 될 것입니다.

중 심 구 절 "하나님이 우리를 사랑하시는 사랑을 우리가 알고 믿었노니 하나님은 사랑이시라 사랑 안에 거하는 자는 하나님 안에 거하고 하나님도 그의 안에 거하시느니라 이로써 사랑이 우리에게 온전히 이루어진 것은 우리로 심판 날에 담대함을 가지게 하려 함이니 주께서 그러하심과 같이 우리도 이 세상에서 그러하니라 사랑 안에 두려움이 없고 온전한 사랑이 두려움을 내쫓나니 두려움에는 형벌이 있음이라 두려워하는 자는 사랑 안에서 온전히 이루지 못하였느니라"(요일 4:16-18).

단원 학습목표 본 단원에서는 가정을 향한 하나님의 온전하신 뜻과 계획을 안다.

단원 핵심정리 가정을 통해 하나님의 온전하신 뜻을 알고 그 뜻을 이웃에게 전하는 그리스도인으로 성장할 수 있다.

단 원 소 개

본 단원에서는 하나님께서 허락해 주시는 가정의 공간이 얼마나 중요한지를 알게 해 줄 것입니다. 자신의 힘의 에너지는 가정에서 나오며 가정을 통해 하나님이 주시는 쉼과 안식을 경험하고 누리게 될 것입니다. 신앙의 공동체는 가정에서 시작되며 가정의 능력과 가정을 용서할 힘을 얻게 되면 모두를 용서할 수 있는 힘과 용기 또한 얻을 수 있습니다. 우리는 가정을 통해 더욱 크게 성장하게 될 것입니다.

제 4 과 가정의 능력

학습목표 : 가정을 통해 하나님의 뜻을 알 수 있다

중심진리 : 가정을 통해 하나님의 온전하신 뜻을 알고 그 뜻을 이웃에게 전하는 그리스도인으로 성장할 수 있다.

본문말씀 : 요한일서 4:16-18

Story of Life

“저에게 생명을 주신 부모님께 이렇게 뭔가 할 수 있는 것이 오히려 고맙고 다행입니다.”

간암을 앓고 있는 아버지를 위해 고등학교 1학년 아들이 자신의 간 절반 이상을 떼어주고 아버지를 살린 이야기가 감동을 주고 있습니다. 부산대병원에 따르면 2010년 12월 29일 이 병원 장기이식센터에서 아들의 간 70%를 이식하는 수술을 성공적으로 마쳤다고 전했습니다. 아버지에게 선뜻 간을 떼어준 아들은 생체 간 이식을 위한 기증을 할 수 있는 나이인 만 16세를 겨우 보름 가량 넘겼습니다. 생체 기증은 골수를 제외하고는 16세 이상이어야 기증이 가능하고 20세 미만인 경우에는 부모의 동의하에 가족에게만 기증할 수 있습니다. 아버지는 20년전부터 B형 간염 치료를 받아오다 정기검사에서 1.4cm 크기의 암세포가 발견됐고 아들은 아버지를 위해 간이식을 결정했습니다. 간 이식 수술은 무려 15시간에 걸쳐 계속됐고, 수술은 성공적으로 마쳤습니다. 수술을 마치고 아들은 “제가 외아들이고 나이가 어려 어른들은 걱정을 많이 하셨지만 이렇게 하는 것은 가족으로서 당연하다고 생각한다.”고 말했습니다. 장기이식센터장은 “수술 후 아버지와 아들은 빠르게 건강을 회복하고 있으며 희망으로 새해를 맞은 아버지와 아들의 모습을 보며 참으로 가슴 따뜻함을 느낀다”고 말했습니다.

(출처: 16살 외아들이 암 걸린 아버지에게 간기증, 〈연합뉴스〉, 2011년 1월 6일)

Talk Talk about Life

❖ 가정의 능력

✲ [Story of Life] 의 사례를 통해 가정의 의미가 무엇인지 나누어 보세요.

✲ 가정의 기능은 가정만이 가지고 있는 능력이라고 할 수 있습니다. 가정만이 가지고 있는 능력은 무엇이 있을까요?

✲ 본인의 가정을 통해 쉼이나 평안, 새 힘을 얻은 경험이 있다면 나누어 보세요.

Standard of Life

본문탐구

❖ 본문탐구

✻ 요한일서에서 말하는 하나님의 속성은 무엇입니까?(요일 4:16)

✻ 하나님의 사랑을 가장 먼저 그리고 온전하게 경험할 수 있는 곳은 어디입니까?

✻ 하나님께서 가족 구성원들을 향해 명령하신 것은 무엇입니까?
(신 6:6-13)

✻ 하나님께서 인류를 창조하시고 가정 먼저 준 복은 무엇입니까?
(창 2:18, 20-25)

Change of Life

❖ 행복한 가정 만들기

✲ '가족 구성원'을 얘기하면 누가 생각나나요? 본인이 생각하는 미래의 가족 구성원을 그려 보세요.

✲ 본인이 생각하는 가정의 모습을 나누어 보세요. (본인은 어떤 가정을 만들고 싶은가요?)

✲ 하나님께서 보여주신 사랑은 가정의 원동력이 됩니다. 이 사랑의 힘이 친구나 이웃에게 전해진 사례가 있다면 나누어 보세요.

Decision of Life

세상의 공동체 중 벌거벗었으나 부끄러움을 모르는 공동체는 가정 공동체 밖에 없습니다. 이는 벌거벗음 그 자체보다 조건없는 사랑과 안식을 무한대로 누릴 수 있는 관계이기 때문이며, 하나님께서 허락하시고 보호하신 유일한 공동체이기 때문입니다.

우리는 가정을 통해 무한한 하나님의 사랑을 간접적으로 경험하며 가정 안에서 사랑의 성품을 만들어 갈 수 있습니다. 가정이 가지고 있는 능력은 이 사랑을 통해 이룰 수 있습니다. 가정 안에서 사랑을 받아본 사람이 남을 사랑할 줄 알게 됩니다. 가정에서 쉼을 얻고, 평안을 누리는 사람이 그 사랑을 남에게 전할 수 있는 힘을 갖게 됩니다.

제 5 과 가정의 수치(부끄러움)

생활편

학습목표 : 가족간의 갈등을 통해 가정이 하나님을 필요로 하는 연약한 공동체임을 알 수 있다.

중심진리 : 하나님께서 허락하신 가정은 하나님의 돌봄으로 굳건한 공동체로 성장할 수 있다.

본문말씀 : 창세기 37:2-4

Story of Life

성경속에도 가족간의 갈등이 등장합니다. 어떤 갈등이 있었을까요?

* 아담과 하와 : 창 3:12-13

____

____

* 가인과 아벨 : 창 4:8

____

____

* 요셉의 형제들 : 창 37:12-35

____

____

Talk Talk about Life

❖ 감춰진 상처

✲ 가정에서 힘든 일이 있다면 그것이 무엇인지 나누어 보세요.

✲ 가족 중에 본인을 힘들게 하는 가족이 있다면 누구인지 왜 힘들게 하는지 나누어 보세요.

✲ 아빠 엄마와 갈등이 생긴다면 어떤 일로 갈등이 생기며 그 갈등을 어떻게 해결합니까?

Standard of Life

본문탐구

❖ 본문탐구

✲ 야곱은 왜 다른 자녀들과 달리 요셉만 편애를 했습니까?(창 37:3)

✲ 야곱의 자녀들의 갈등은 결국 어떤 결과를 초래하게 되었습니까? (창 37:19-36)

✲ 사랑하는 자녀를 잃은 야곱의 심정을 헤아려 보고 그의 마음을 나누어 보세요.

틴틴파워 인 지저스 생활편

Change of Life

❖ 가정의 갈등 극복하기

✲ 자신은 어떤 부모가 되고 싶은지 왜 그런 부모가 되고 싶은지 나누어 보세요.

✲ 만약 자신이 요셉의 형제들 중 하나였다면 이 문제를 어떻게 해결했을까요?

✲ 하나님께서는 이 문제에 어떻게 개입하셨습니까?

Decision of Life

사람이 살아가는 환경에서는 가족이라 할지라도 많은 갈등을 가지고 살아갑니다. 그것은 서로의 이해득실을 따지기보다 서로 다른 생각으로 인해 오해로 생기는 갈등일 것입니다. 우리는 그 갈등을 하나님 앞에서 해결하기 전에, 나에게 있는 문제는 어떤 것인지 먼저 직시할 필요가 있습니다. 내가 힘들기는 하지만 무엇이 힘든지 정확하게 모르면 막연한 바람으로 끝나고 말 것입니다. 그러기에 우리는 하나님께 간구해야 합니다. 인간은 죄인이기에 서로에게 생긴 갈등을 해결할 능력이 없습니다. 성경을 통해 하나님께서 어떻게 개입하시고 각자에게 어떻게 평안과 위로를 주시는지 알아야 하나님이 주시는 위로와 힘을 얻을 수 있습니다. 우리는 스스로 남을 용서할 수 없습니다. 하나님께서 먼저 우리를 회복시켜주셔야 그 은혜로 용서가 가능한 것입니다.

제 6 과 가정 용서하기

생활편

학습목표 : 하나님의 말씀에 따라 가정을 용서할 수 있다.

중심진리 : 가정을 용서함으로 하나님이 주시는 자유함을 누릴 수 있다.

본문말씀 : 창세기 33:3-11

Story of Life

가정에서 충분한 사랑과 용납이 없는 아이는

1. 무엇이 정상적인 행동인지에 대해 혼란스러워 한다.
2. 처음에 계획한 것을 끝까지 이행하는데 어려움을 겪는다.
3. 쉽게 진실을 말할 수 있을 때에도 거짓말을 한다.
4. 자신을 무자비하게 비판한다.
5. 재미있는 시간을 보내는데 여려움을 느낀다.
6. 자기 자신을 너무 심각하게 받아들인다.
7. 친밀한 관계를 맺기 어렵다
8. 자신이 통제할 수 없는 변화에 대해 과민반응을 보인다.
9. 끊임없이 칭찬과 인정을 받기 원한다.
10. 항상 자신이 남늘과 나르다고 느낀다.
11. 지나치게 책임을 지려 하거나 지나치게 무책임하다.
12. 상대가 충성을 받을 자격이 없다는 증거가 분명한 때에도 지나치게 충성한다.
13. 충동적이다. (출처: 팀슬레지, ≪가족치유 마음치유≫, 요단)

위의 글을 통해 자신의 정신건강 상태를 점검해 보세요.

Talk Talk about Life

❖ 가정의 문제 직면하기

✲ 가정에 문제가 생기면 그것을 어떻게 처리해 왔습니까?

✲ 각 가정에서 표현하지 못하도록 제한된 감정이 있었다면 적어 보세요.

Standard of Life

본문탐구

❖ 본문탐구

✲ 야곱과 에서는 중간에 만나 화해를 한 적이 없습니다. 그럼에도 야곱과 에서는 극적인 화해를 하게 됩니다. 그 이유는 무엇일까요?

✲ 서로의 용서없이 야곱과 에서가 만났다면 어떤 결과가 벌어졌을까요?

✲ 야곱과 에서가 화해한 이후의 삶은 어떻습니까?(창 35:29, 36:6-7)

✲ 우리는 왜 자신의 가정을 용서해야 하나요?(고후 2:10)

Change of Life

❖ 자기 가정 용서하기

✲ 자기의 가정을 용서한다는 의미는 무엇이며, 자신의 가정을 용서한다면 무엇을 용서할 수 있을까요?

____

____

✲ 용서를 통해 얻을 수 있는 유익에는 무엇이 있나요?

____

____

✲ 건강한 가족과 그렇지 않은 가족은 어떤 차이가 있습니까?

* 건강한 가족 : ______________________________

____

* 건강하지 않은 가족 : ______________________________

____

Decision of Life

용서는 상대방의 태도와 상관없이 하나님과 나와의 관계에서 이루어지는 것입니다. 용서는 상대방을 위한 것이 아니라 나 자신을 위한 것입니다. 완벽한 부모나 형제는 없습니다. 100% 자신의 생각에 맞을 수는 없습니다. 자신의 뜻에 맞아서 잘 맞는 것이 아니라 하나님이 주시는 능력과 은혜와 용서함을 가지고 살아가기 때문에 나와 가정과 사회를 이해하고 용서할 수 있는 것입니다. 가정이 나에게 큰 상처를 주었기 때문에 용서할 수 없는 것이 아니라 가정 역시 죄인들이 모인 곳이며 미숙한 가족들이 모인 곳이기에 하나님께서 나를 용서하시고 구원하셨던 것처럼 가족도 그들의 행동과 상관없이 용서하며 사는 것이 하나님의 사랑을 전하며 사는 방법입니다.

생활편 3단원 생활의 공간(학교)

단원주제 생활의 공간(학교)

단원해설 학교는 가고 싶지 않은 감옥과 같은 곳이 아니라 하나님의 영광을 이루는 선교의 현장이고 자신의 인격성장에 꼭 필요한 곳임을 아는데 그 목적이 있습니다. 학교는 학생들에게 좋은 이미지로 존재하지 못하고 있습니다. 그 이유는 학교가 학생들에게 꼭 필요한 기관이고 학생들이 필요로 하는 곳이지만 공동체 생활과 상급학교 진학이라는 특수한 상황 때문에 학생들이 원하는 생각과는 상관없이 학생들에게 억압과 통제로 비쳐지기 때문입니다. 하지만 현상 자체를 판단하기보다 근본적인 원인과 이유, 그것을 바라보는 관점을 달리하면 얼마든지 학교가 가지고 있는 특성을 학생들에게 이롭게 만들 수 있는 기회가 되기도 할 것입니다. 본 과를 통해 하나님의 영광을 위한 것이 어떤 것이고 '학교'라는 현장과 상황을 어떻게 믿음의 눈으로 볼 수 있을지에 대해 알고 깨닫는 기회가 될 것입니다.

중심구절 "그런즉 너희가 먹든지 마시든지 무엇을 하든지 다 하나님의 영광을 위하여 하라 유대인에게나 헬라인에게나 하나님의 교회에나 거치는 자가 되지 말고 나와 같이 모든 일에 모든 사람을 기쁘게 하여 자신의 유익을 구하지 아니하고 많은 사람의 유익을 구하여 그들로 구원을 받게 하라"(고전 10:31-33).

단원 학습목표 본 단원에서는 학교를 통해 하나님이 계획하신 뜻을 알 수 있다

단원 핵심정리 학교를 통해 하나님의 온전하신 뜻을 알고 그 뜻을 이웃에게 전하는 그리스도인으로 성장할 수 있다.

단원소개

본 단원에서는 생활의 공간인 학교에서 어떻게 하나님을 믿는 자로서 덕을 세우고 자신을 성장시킬 것인지에 대해 알게 될 것입니다. 우리는 보이지 않게 학교에서 많은 것을 배웁니다. 친구들과의 관계성, 배려, 양보, 이기심, 질투, 경쟁 등 많은 것을 학교라는 공동체를 통해서 배우고 있습니다. 이것은 학교만이 가지고 있는 특성이자 능력입니다. 그리고 학교야말로 내가 그리스도인임을 확인하는 장소이며, 하나님의 말씀을 전하고 잃어버린 생명을 구할 수 있는 선교의 현장이 되기도 합니다. 학생들은 선교현장인 학교에 파송받은 학생 선교사로서 자부심을 갖게 될 것입니다.

제 7 과 학교의 능력

생활편

학습목표 : 학교를 통해 하나님이 계획하신 뜻을 알 수 있다.

중심진리 : 학교를 통해 하나님의 온전하신 뜻을 알고 그 뜻을 이웃에게 전하는 그리스도인으로 성장할 수 있다.

본문말씀 : 고린도전서 10:31-33

Story of Life

학교의 장점과 단점을 열거해 보세요.

장점 : ____________________

____

____

단점 : ____________________

____

____

Talk Talk about Life

❖ 학교의 기능

✲ 학교는 우리에게 어떠한 역할을 하는지 나누어 보세요.

✲ 교회와 학교, 가정에 차이점이 있다면 나누어 보세요.

Standard of Life

본문탐구

❖ 본문탐구

✲ 하나님의 백성은 무엇을 위해 살아야 합니까?(고전 10:31)

✲ 본문의 말씀이 학교에서 이루어진다면 학교는 어떻게 변화될까요?
(고전 10:31-33)

✲ 자신이 위의 말씀을 지키기 위해서는 어떤 방법이 필요할까요?

❖ 학교생활 100배 즐기기

✲ 우리가 학교를 통해 할 수 있는 하나님의 일이 있다면 어떤 것이 있을까요?(롬 12:1-21)

____

____

✲ 본인이 생각하는 학교의 모습을 나누어 보세요.

____

____

Decision of Life

학교는 학생들에게 꼭 필요한 곳일까요? 아니면 없어도 되는 곳일까요? 학교가 없어지면 그 역할을 누가 할 수 있을까요? 집이나 학원에서 그 역할을 대신할 수 있을까요? 그렇지는 않을 것입니다. 학교가 때로는 학생들에게 감옥 같아도 학교가 하는 역할을 집이나 학원에서 대신할 수 없습니다. 우리는 보이지 않게 학교에서 많은 것을 배웁니다. 친구들과의 관계성, 배려, 양보, 이기심, 질투, 경쟁 등 많은 것을 학교라는 공동체를 통해서 배우고 있습니다. 이것은 학교만이 가지고 있는 특성이자 능력입니다. 우리는 입시위주의 학교성향 때문에 학교의 특성 전부를 나쁘게 볼 수 없습니다. 그리고 학교야말로 내가 그리스도인임을 확인하는 장소이며, 하나님의 말씀을 전하고 잃어버린 생명을 구할 수 있는 선교의 현장이 되기도 합니다. 우리는 선교현장인 학교에 파송받은 학생 선교사입니다.

제 8 과 학교의 수치(부끄러움)

생활편

학습목표 : 학교의 부족한 모습을 통해 하나님의 뜻을 행할 수 있다.

중심진리 : 학교의 부족한 모습을 통해 그리스도인으로서 하나님의 뜻을 알고 그 뜻대로 행함으로 진정한 그리스도인으로 성장할 수 있다.

본문말씀 : 마태복음 25:14-30

Story of Life

우리는 최근 몇 년동안 교실이 붕괴되고 있다는 이야기를 많이 들었습니다. 그렇다면 학생들의 어떤 행동들이 교실붕괴를 말하고 있으며, 그 원인은 무엇인지 나누어 보세요.

교실을 붕괴시키는 행동들

____

____

____

교실 붕괴의 원인

____

____

____

Talk Talk about Life

❖ 학교의 편견 극복하기

✲ 나는 학교가 누구를 위하여 또 무엇을 위주로 판단한다고 생각합니까?

✲ 학교에서 느끼는 편견과 편애 때문에 친구들과 갈등이 생긴 적이 있나요? 있다면 어떤 경우에 그랬는지 나누어 보세요.

Standard of Life

본문탐구

❖ 본문탐구

✲ 사도 바울은 모든 일을 어떤 자세로 해야 한다고 말하고 있나요?
(골 3:23-24)

✲ 하나님은 어떤 사람을 사랑하시고 복을 주시나요?(마 25:14-30)

❖ 행복한 학교 만들기

✲ 학생의 입장에서 교실 붕괴의 원인을 말해보고 그 대안을 발표해 보세요.

___

___

___

✲ 기독교인의 입장에서 학교의 신뢰를 회복할 수 있는 실천 사례를 이야기해 보세요.

___

___

___

Decision of Life

학교는 가정이나 교회와는 달리 다양한 사람들이 서로 다른 환경과 상황에서 학업증진과 사회성 발달을 위해 모인 공동체입니다. 다양한 종교와 가치관을 가지고 많은 사람들이 모인 학교라는 공동체에서 자신이 존중을 받는다는 것은 쉬운 일이 아닙니다. 학교 공동체는 하나님을 모르는 사람들이 많기 때문에 각자 자기가 옳은 대로 행할 뿐 창조주 하나님을 먼저 생각하지 않습니다. 그래서 학교 안에 하나님을 믿는 자들이 사명감을 가지고 부족한 부분은 품어주고 배려해주며 좋은 일은 격려와 지지를 통해 행복한 학교로 만들고자 하는 사명감을 갖는 것이 중요합니다.

하나님께서는 맡겨진 일에 최선을 다하며 충성스럽게 생활하는 사람을 사랑하시고 복 주십니다. 그러므로 학생의 신분인 우리는 무엇보다 학교생활에 충실한 선교적 사명을 잘 감당해야 하겠습니다.

제 9 과 학교 용서하기

학습목표 : 하나님의 말씀에 따라 학교를 용서할 수 있다.

중심진리 : 학교 용서하기를 함으로 하나님이 주시는 자유함을 누릴 수 있다.

본문말씀 : 고린도후서 2:8-11

Story of Life

학교가 존재해야 하는 이유와 없어도 된다는 이유를 나누어서 이야기해 보세요.

학교(제도권)가 존재해야 하는 이유

____

____

____

학교(제도권)는 이제 없어도 되는 이유

____

____

____

Talk Talk about Life

❖ 학교의 문제 직면하기

✲ 학교나 선생님, 친구들이 싫다면 왜 싫은지 이야기해 보세요. 또 반대로 좋다면 그 이유도 이야기해 보세요.

✲ 학교나 선생님 또는 학교 친구들이 싫을 때 지금까지 그 문제를 어떻게 처리했습니까?

Standard of Life

본문탐구

❖ 본문탐구

✲ 갈등이 있는 곳에서 나타낼 수 있는 또 하나의 사랑의 표현은 무엇인가요?(고후 2:8-10)

✲ 그리스도 앞에서 우리가 용서를 해야 하는 이유는 무엇인가요?(고후 2:11)

✲ 불만이 생길 때 우리는 어떻게 해야 하나요?(골 3:13)

✲ 우리에게 용서가 없다면 우리의 생활은 어떻게 될까요?(마 6:14-15)

틴틴파워 인 지저스 생활편

Change of Life

❖ 학교 용서하기

✲ 학교와 선생님을 용서한다는 의미는 무엇이며, 학교와 선생님을 용서한다면 무엇을 용서할 수 있을까요?

✲ 학교와 선생님, 친구들을 용서함으로 얻을 수 있는 유익은 무엇이 있나요?

✲ 우리에게 상처를 준 학교와 친구들을 어떻게 해야 하나요? 용서를 해야 한다면 왜 해야 하나요?

Decision of Life

우리는 학교라는 공동체를 통해 즐거움과 기쁨, 지식을 알아가는 행복감을 느껴야 하는데 현실은 그렇지 않은 경우가 많습니다. 심지어 학교가 두려움이나 거부의 대상이 되기도 합니다. 이는 학교 자체에 문제가 있기보다 우리의 편견과 사회의 전반적인 문제가 복합적으로 나타나기 때문입니다. 학벌 지상주의와 대학입시의 중압감이 학교의 기능을 축소시켜 버렸습니다. 심지어 죄인인 인간들이 죄된 모습으로 서로에게 상처를 주기까지 합니다. 학교에 대한 문제 해결은 학교를 거부하는 것이 아니라 예수님의 사랑을 충분히 받은 우리가 학교라는 공동체 안에서 예수님의 사랑을 드러내고, 학교 본래의 기능을 찾을 수 있도록 돕는 선교적 사명을 다할 때 이루어질 수 있습니다. 때로는 경쟁을 부추기는 학교 자체가 우리에게 행복을 주지 못해도 예수님의 사랑이 전해지는 학교 안에서는 용납과 이해가 충분히 가능할 것입니다.

용서는 내가 주님의 마음을 갖는다는 것입니다. 사람과의 관계에서 예수님의 사랑이 개입되지 않은 용서와 회복은 진정한 것이라고 할 수 없습니다. 예수님의 마음으로 학교를 바라본다면 용서하지 못할 학교는 하나도 없을 것입니다.

생활편 4단원 미래의 공간(사회)

단 원 주 제 미래의 공간(사회)

단 원 해 설 사회의 바른 성장과 사회정의를 위해 그리스도인이 책임감을 가지고 할 수 있는 일들에 대해 생각하고 실천하는데 그 목적이 있습니다. 사회는 항상 진리를 찾고 바르게 성장하려는 요소를 가지고 있습니다. 하지만 예수 그리스도를 빼고 자유와 평등, 사회정의 등을 말할 수 없습니다. 오직 예수 그리스도만이 참된 진리이며 그분을 통해서 이루어지는 정의가 온전한 사회정의라고 할 수 있습니다. 본 과를 통해 하나님이 원하시는 진정한 사회정의와 사회의 바른 성장이 어디서 나오는지 알고 깨닫는 기회가 되었으면 합니다.

중 심 구 절 "너희는 세상의 소금이니 소금이 만일 그 맛을 잃으면 무엇으로 짜게 하리요 후에는 아무 쓸 데 없어 다만 밖에 버려져 사람에게 밟힐 뿐이니라 너희는 세상의 빛이라 산 위에 있는 동네가 숨겨지지 못할 것이요 사람이 등불을 켜서 말 아래에 두지 아니하고 등경 위에 두나니 이러므로 집 안 모든 사람에게 비치느니라 이같이 너희 빛이 사람 앞에 비치게 하여 그들로 너희 착한 행실을 보고 하늘에 계신 너희 아버지께 영광을 돌리게 하라"(마 5:13-16).

단원 학습목표 사회를 통해 하나님이 계획하신 뜻을 알 수 있다.

단원 핵심정리 사회를 통해 하나님의 온전하신 뜻을 알고 그 뜻을 이웃에게 전하는 그리스도인으로 성장할 수 있다.

단 원 소 개

본 단원에서는 사회의 부족한 영역에서 그리스도인이 책임감을 가지고 할 수 있는 일은 무엇인지 사회의 부끄러운 모습들 가운데 그리스도인의 역할은 무엇인지를 알게 될 것입니다. 하나님은 우리 인간을 창조하시고 인간에게 온 세상을 다스리고 정복하라는 말씀으로 세상에서의 역할을 강조하셨습니다. 이에 그리스도인들은 사람들에게 예수 그리스도를 전하는 일 다음으로 세상에서의 청지기 역할을 비롯해 빛과 소금의 역할을 감당할 책임이 있습니다. 우리가 이 땅에서 빛과 소금의 역할을 담당할 때 하나님을 모르는 사람들은 우리의 옳은 행실을 통해 하나님을 아는 기회를 얻게 될 것입니다.

제 10과 사회의 능력

생활편

학습목표 : 사회를 통해 하나님이 계획하신 뜻을 알 수 있다

중심진리 : 사회를 통해 하나님의 온전하신 뜻을 알고 그 뜻을 이웃에게 전하는 그리스도인으로 성장할 수 있다.

본문말씀 : 누가복음 10:29-37

Story of Life

우리가 살고 있는 사회는 일부 사람들의 개인적인 욕심 때문에 서로에게 피해를 주기도 하지만, 바른 가치와 더불어 함께 살고자하는 마음으로 사회를 건강하게 만들기도 합니다. 사회를 건강하게 하고 사람들에게 힘과 용기를 주는 사례들이 있으면 나누어 보세요.

Talk Talk about Life

❖ 사회의 기능

✲ 우리가 사는 사회에는 정의가 있습니까? 있다면 사회정의는 무엇이며 그 정의가 어떻게 이루어지고 있습니까?

✲ 당신이 생각하는 사회정의는 무엇입니까?

✲ 기독교 세계관과 일반적 사회정의에 차이점이 있다면 무엇이 있는지 나누어 보세요.

Standard of Life

❖ 본문탐구

✲ 사람들이 다양하게 살아가는 사회 속에서 그리스도인들은 어떤 태도와 가치관으로 살아가야 합니까?(눅 10:33 34)

___

___

___

✲ 다비다의 삶이 욥바 사람들에게 어떤 영향을 끼쳤습니까?
(행 9:36-42)

___

___

___

틴틴파워 인 지저스 생활편

Change of Life

❖ 사회의 변화 이끌기

✲ 그리스도인들은 사회가 바르게 성장·발전할 수 있도록 이끌어야 합니다. 그 이유는 무엇일까요?

✲ 사회의 바른 성장과 성숙을 위해 그리스도인이 할 수 있는 일들에는 어떤 것이 있을까요?

Decision of Life

우리는 여러 공동체에 속해 살고 있으며 그 공동체에 많은 영향을 끼치고 있습니다. 교회, 학교, 가정, 사회 등 많은 곳에서 영향을 받기도 하고 주기도 합니다. 특히 사회 공동체가 건강하면 모든 사람이 건강해질 수 있지만, 건강하지 못하면 많은 사람이 억압과 고통을 받게 됩니다. 그렇기 때문에 사회의 바른 성장과 사회정의를 위해 그리스도인이 책임감을 가지고 할 수 있는 일들에 대해 생각하고 실천하는 것은 매우 중요합니다.

하나님께서는 창세기 1장 27-28절의 말씀을 통해 우리에게 이 땅을 정복하고 다스리라고 말씀하고 계십니다. 이는 자연적인 정복과 다스림도 있겠지만, 그리스도인이 그리스도인답게 이 땅에서 살아가고 믿지 않는 자에게 본이 되는 삶 역시 이 땅을 정복하고 다스리는 것입니다. 하나님을 믿는 자들은 이 땅에 하나님의 나라가 임할 수 있도록 믿는 자의 본분을 지켜야 합니다.

제 11과 사회의 수치(부끄러움)

학습목표 : 사회의 부족한 모습을 통해 하나님의 뜻을 행할 수 있다.

중심진리 : 사회의 부족한 모습을 통해 그리스도인으로서 하나님의 뜻을 알고 그 뜻대로 행함으로 진정한 그리스도인으로 성장할 수 있다.

본문말씀 : 마태복음 5:13-16

Story of Life

최근 우리 사회의 부끄러운 모습이 인터넷이나 매스컴을 통해 종종 등장하고 있습니다. 어떤 일들이 우리 사회를 부끄럽게 하고 있으며, 그런 일들이 왜 일어나는지 나누어 보세요.

Talk Talk about Life

❖ 사회의 부끄러움

✲ [Story of Life]의 예를 통해 나타나는 모습들을 보며 하나님께서는 이런 일들을 행하는 사람들을 어떻게 처리하겠다고 말씀하고 계십니까?(롬 1:21-32)

✲ 하나님을 믿는다고 하는 사람들도 사회에서 부정부패를 저질렀다고 언론을 통해 종종 등장하기도 합니다. 그리스도인들에게 왜 이런 일이 일어나는지 이야기해 보세요.

Standard of Life

❖ 본문탐구

✲ 하나님의 나라를 소망하는 그리스도인들은 우리가 사는 사회에서 어떤 역할들을 할 수 있을까요?

✲ 하나님께서는 로마서를 통해 더욱 분명한 태도를 요구하고 계십니다. 우리에게 어떤 요구를 하고 계십니까?(롬 12:1-3)

❖ 사회의 부끄러움 극복하기

✲ 죄된 사회에서 그리스도인들이 하나님의 영광을 위해 실천할 수 있는 사례들을 이야기해 보세요.

✲ 우리 주위에서 관심받지 못하고 소외된 이웃으로 어려움을 겪고 있는 사람들이 누구며 그들을 도울 수 있는 방법들을 이야기해 보세요.

✲ 두 사례에서 말하는 사회적 소수자들의 주장이 무엇인지 나누어 보세요.

사례 1) 국제결혼

한국으로 시집 온지 일주일 만에 남편에게 무참히 살해된 베트남 신부 B씨의 사건이 발생했습니다.

부산에서 발생한 베트남 신부 B씨의 살해 사건이 베트남 현지에서도 사회적 이슈가 되면서 한국으로 시집간 여성들에 대한 걱정과 우려가 커졌습니다. A씨는 "베트남에 있는 가족들이 전화를 해서 남편을 비롯해 시댁식구들과 사이좋게 지내라고 당부를 하신다."며 "사건 이후 베트남에 있는 친구나 가족들에게서 안부전화가 자주 온다."고 말했습니다. 사건 이후 한국에서도 결혼 이주여성에 대한 사회적 관심이 높아지고 있습니다. 사회적 활동을 하게 되면서 결혼 이주여성 스스로도 권리의식과 현실참여에 눈을 뜨고 있습니다. 그동안 남편의 학대 등에 억눌려 있던 이주여성들이 문제해결을 위한 발걸음을 뗀 것입니다.

사례 2) 탈북주민

27개 탈북자단체, "참을만큼 참았습니다. 북한인권법 4월 국회 통과시켜 주세요." "인권에는 이념 · 국적 · 인종 · 성별 · 종교가 있을 수 없습니다. 북한은 헌법상 대한민국의 영토이고 북한 주민도 대한민국 국민입니다. 대한민국 국민의 인권을 지키지 못하는 국회의원은 대한민국 국회의원이 아닙니다." 14일 오후 2시 여의도 국회의사당 본관 앞에서 열린 '북한인권법 4월 국회 통과를 위한 탈북단체장 기자회견 및 삭발식'에서 국회의원 A씨는 이렇게 말하며 집권 여당을 향해 각성을 촉구했습니다. 탈북자단체 회원 150여 명은 이 날 성명에서 "미국은 2004년, 유럽연합(EU)와 일본은 2006년에 북한 주민들의 인권개선을 위해 북한인권법을 통과시켰고, 유엔은 2005년부터 북한인권결의안을 해마다 통과시키고 있다."며 인간으로서 보장받아야 할 기본 권리조차 누리지 못하고 있는 북한 주민들의 인권실상을 강조했습니다.

Decision of Life

하나님을 믿고 천국에 소망을 두고 사는 것은 그리스도인이 받은 최고의 축복일 것입니다. 하지만 하나님께서는 우리 인간을 창조하시고 인간에게 온 세상을 다스리고 정복하라는 말씀으로 세상에서의 역할을 강조하셨습니다. 이에 그리스도인들은 사람들에게 예수 그리스도를 전하는 일 다음으로 세상에서의 청지기 역할을 비롯해 빛과 소금의 역할을 감당할 책임이 있습니다. 그리스도인이 이 역할을 감당하지 못하면 우리가 사는 사회는 인간이 가지고 있는 죄성 때문에 사람들에게 여러 가지 모양으로 피해를 주게 될 것입니다. 그리고 마태복음 25장 40절의 말씀처럼("내가 진실로 너희에게 이르노니 너희가 여기 내 형제 중에 지극히 작은 자 하나에게 한 것이 곧 내게 한 것이니라.") 소외된 이웃에게 관심을 갖는다면 우리가 속해 있는 사회는 행복해질 것입니다.

제12과 사회 용서하기

생활편

학습목표 : 하나님의 말씀에 따라 사회를 용서할 수 있다.

중심진리 : 사회 용서하기를 함으로 하나님이 주시는 자유함을 누릴 수 있다.

본문말씀 : 이사야 61:1-8

Story of Life

세상에서는 너무나 이해가 안되는 어처구니 없는 일들이 수시로 벌어지고 있습니다. 사랑하며 살기도 모자란 세상에 어떤 불의가 일어나고 있는지 이야기해보고 그 문제를 어떻게 생각하는지 나누어 보세요.

Talk Talk about Life

❖ 사회의 문제 직면하기

✲ 사람들이 만든 세상에서의 법은 정의롭고 공평한지 이야기해 보세요.

✲ 세상에서 벌어지는 폭력, 기근, 전쟁 등 사람을 고통스럽게 하는 일들은 왜 일어나나요?

Standard of Life

본문탐구

❖ 본문탐구

✲ 하나님의 나라가 임하면 세상에서 고통 받는 사람들이 어떻게 되나요?(사 61:1-3)

✲ 하나님의 정의는 어떻게 이루어지나요? 다음의 말씀에서 찾아보세요(행 16:31; 마 5:44-45; 빌 2:1-8).

✲ 하나님의 정의는 나의 어떤 마음과 행동으로 이루어지나요?(고후 2:10)

틴틴파워 인 지저스 생활편

Change of Life

❖ 사회 용서하기

✲ 가진 자들의 이기적인 욕심으로 수치를 당하거나 억울한 일을 당하는 사람들을 위해 그리스도인은 어떻게 해야 하나요?

✲ 사회의 부족한 모습(사람들의 이기적인 모습)을 보며 그리스도인들이 기대하는 심판과 하나님의 나라를 이야기해 보세요.

✲ 사회를 용서한다는 의미가 무엇일까요?

Decision of Life

하나님의 정의는 우리가 생각하는 것처럼 눈에는 눈, 이에는 이와 같이 그대로 또는 그보다 더 크게 되갚아주는 것이 아니라, 그를 용서해주고 하나님께로 돌아오게 하는 것에 있습니다. 먼저 하나님의 정의는 예수 그리스도를 믿고 구원을 얻는 것에서 시작합니다. 하나님을 모르는 자들과는 구원과 심판, 공평과 정의에 대해 그 어떤 것도 말할 수 없습니다. 그 다음으로 세상의 어떤 불의를 보더라도 그 불의를 위해 기도하는 것입니다. 마지막으로 하나님이시면서 나를 위해 육신의 몸을 입으시고 처참하게 죽기까지 하신 예수 그리스도의 사랑을 알고 실천하는데 하나님의 정의가 있습니다.

나머지 최후의 심판은 하나님이 행하실 것입니다.

어디 따라가 전통

청·소·년·핵·심·공·과

틴틴파워 인 지저스

TEEN TEEN POWER
IN JESUS

5권

요단

틴틴파워 5권
인 지저스
풍습과 전통편

Contents

제 1 과 출생

학습목표 : 이스라엘의 출생풍습을 통해 그 집안의 자녀는 하나님께서 주신 축복의 선물임을 이해한다.

중심진리 : 이스라엘에서의 출생의 의미

본문말씀 : 시편 127:3

Memory Verse

"보라 자식들은 여호와의 기업이요 태의 열매는 그의 상급이로다"(시 127:3).

View of Bible

이스라엘에서 자녀의 탄생은 그 집안의 특별한 경사였습니다. 특히 이스라엘 여자들에게 있어서 자식의 출산은 무엇보다 큰 소망이며 기쁨이었습니다. 왜냐하면 자녀를 하나님이 주신 기업으로 이해했기 때문입니다(시 127:3-5). 성경은 가축의 번성과 수확물의 풍성함과 더불어 자녀 생산을 하나님이 베푸시는 복으로 제시하고 있습니다(신 28:11).

Learn of Bible

말씀탐구

1. 자녀의 잉태

이스라엘 여자들에게 자녀의 잉태와 출산은 큰 기쁨이었습니다. 그 이유는 아들 없는 여자의 경우 가족 내에서 어떠한 사회적인 지위도 보장되지 않았던 당시 이스라엘의 사회 구조 때문이었습니다. 자식을 낳지 못하고 남편이 죽을 경우 그 여자는 그 집에서 어떤 지위도 보장 받지 못했습니다. 그러나 자식이 있게 되면 그는 영구히 그 집에 머무를 수 있는 권리가 주어졌습니다.

2. 분만

자녀를 생산하는 일은 산파들의 도움으로 주로 가정 안에서 이루어졌습니다(창 35:17; 출 1:15-19). 보통의 경우 산파는 산모의 친구나 이웃 혹은 친지들이었습니다. 산파의 주된 역할은 산모가 분만하는 것을 돕는 일이지만, 그 외에도 득남한 사실을 알려주거나(창 35:17-18), 쌍둥이를 낳았을 경우 누가 먼저 나왔는지 구별하기 위해 표식을 달아주는 역할도 했습니다(창 38:28).

성경시대 이스라엘 산모들은 누워서 분만하지 않고 웅크린 자세로 돌로 만든 의자에 앉아 아이를 낳았습니다. 이 방법은 중력을 이용한 것인데, 이집트에서 유래된 것으로 보입니다. 출애굽기 1장 16절에 의하면, 산모는 나란히 놓여 있는 두 개의 돌 위에 앉아서 분만했습니다. 여기에서 '해산을 도울 때에' 라고 번역된 히브리어 본문의 의미는 '두 개의 돌 위에 있는 것을 너희들이 볼 때에' 입니다.

3. 강보

아이가 태어나면 제일 먼저 해야 할 일은 탯줄을 잘라 묶는 것이었습니다. 그리고 나서 아이의 몸을 물로 씻어준 다음 소금과 기름으로 문질러 주었습니다. 그렇게 하면 아이의 피부가 단단해지고 더욱 건강하게 자랄 것이라는 믿음 때문이었습니다.

그 후 부모들은 아이의 발을 묶고 팔을 옆에다 붙인 뒤, 목면으로 된 긴 띠 모양의 천으로 둘둘 말아 단단히 묶었습니다. 성경에서는 이러한 띠 모양의 천을 '강보'(겔 16:4)라고 불렀습니다. 강보에 쌓아놓는 일은 7일 간격으로 40일간 계속되었습니다.

이러한 관습은 갓 태어난 아이의 몸을 따뜻하게 유지해주며 아이의 등뼈가 꼿꼿하고 똑바르게 자라게 하기 위하여 도입된 것으로 생각되어집니다. 베들레헴에서 탄생하신 예수님도 같은 방법으로 강보에 싸여 구유에 뉘어졌습니다(눅 2:12).

4. 수유

아이에게 젖을 먹이는 일은 어머니의 몫이었지만(창 21:7; 삼상 1:22; 왕상 3:21), 산모의 젖이 부족하거나 산모가 신체적으로 어려울 때에는 유모를 맞아들여 아이에게 젖을 먹였습니다(창 24:59; 출 2:7; 삼하 4:4).

아이가 젖을 떼는 일은 오늘날보다 훨씬 늦게 이루어졌습니다. 사무엘의 경우, 젖을 뗀 때는 그가 이미 엘리 제사장 앞에서 여호와를 섬길 수 있을 만큼 성장했을 때였습니다(삼상 1:20-24, 2:11). 젖을 떼는 날에는 온 가족이 즐거워하며 큰 잔치를 베풀었는데, 아마도 아이를 하나님께 바치는 의미가 담긴 잔치였을 것입니다(창 21:8).

Test of Bible

1. 자녀의 출생이 이스라엘 여인에게 있어서 큰 기쁨이 된 이유는 무엇입니까?

2. 이스라엘에서 자녀가 출생할 때 주로 누구의 도움을 받았습니까?

3. 태어난 아이를 천으로 둘둘 말아 묶었는데 이 천을 무엇이라 불렀습니까?

Tip of Bible

산모의 정결 의식

성경시대 이스라엘에서는 출산으로 인해 산모가 부정하여진다고 여겼습니다. 그러므로 출산한 산모는 예배에 참석할 수 없었습니다. 그런데 산모의 부정은 자녀 출생으로 인해 실제로 오염되었다는 것이 아니라, 오히려 산모가 약해져 있는 상태이기 때문에 그녀들을 보호하기 위한 조치였다고 생각됩니다.

레위기 12장에 의하면 아들을 낳은 산모는 40일간 딸을 낳은 산모는 80일간 부정했고, 이 기간이 끝난 후에 산모는 하나님께 예물을 바쳤습니다. 이러한 예물을 드리므로 산모는 하나님과의 관계를 회복할 수 있었습니다. 예물은 일 년 된 어린 양이었으나 가정 형편이 어려운 경우 집비둘기 새끼 두 마리나 산비둘기 두 마리를 취하여 각각 한 마리씩 번제와 속죄제로 바칠 수 있었습니다. 예수님의 모친 마리아가 정결 예식을 위하여 드릴 수 있는 제물이 비둘기 두 마리였다는 점으로 보아 당시 요셉의 가정 형편이 어떠했는가를 엿볼 수 있습니다(눅 2:24).

"또 주의 율법에 말씀하신 대로 산비둘기 한 쌍이나 혹은 어린 집비둘기 둘로 제사하려 함이더라"(눅 2:24).

제 2 과 장례

학습목표 : 이스라엘의 장례 절차를 살펴보고 그 속에 담겨진 신앙적 의미를 이해한다.

중심진리 : 장례 절차의 특징과 목적

본문말씀 : 시편 90:10

Memory Verse

"우리의 연수가 칠십이요 강건하면 팔십이라도 그 연수의 자랑은 수고와 슬픔뿐이요 신속히 가니 우리가 날아가나이다"(시 90:10).

View of Bible

성경에 의하면 사람이 누릴 수 있는 수명은 보통 사람이 칠십, 건강한 사람은 팔십이었습니다(시 90:10). 죽음은 사람이 일생을 살면서 마지막으로 거쳐 가야 할 과정이며 이 세상에서 갖게 되는 마지막 의식이기도 합니다. 이스라엘 가정에서 죽은 자에 대한 존경은 다른 어느 것보다 중요하게 여겨졌습니다. 이 세상에서 일생을 살면서 마지막 의식이 되는 장례 절차는 죽은 이에 대한 사랑의 표현으로 받아들여졌습니다.

Learn of Bible

말씀탐구

1. 장례 이전의 절차

(1) 애도 : 죽음의 소식은 맨 처음 이웃 사람들에게 애도의 통곡소리로 알려졌습니다(삼하 1:12, 18:33; 막 5:38). 이러한 애도는 보통 일주일 정도 계속되었습니다. 부자들의 경우 곡하는 일을 전문적으로 하는 이들을 고용하기도 했습니다(렘 9:17-18; 암 5:16). 직업적으로 곡하는 이들은 주로 여자들로 구성되었으며 이외에 피리를 부는 자들도 있었습니다(마 9:23).

애도할 때에는 스스로 슬픔을 나타내기 위하여 가슴을 치기도 했고(눅 23:48), 머리털이나 수염을 가리거나 밀기도 했습니다(렘 7:29; 겔 24:17). 때로는 옷을 찢어 자신의 극심한 슬픔을 표현하기도 했습니다(삼하 3:31).

(2) 입맞춤 : 사랑의 표현으로 가족들은 시체에 입을 맞추거나 시신을 끌어안기도 했습니다(창 50:1).

(3) 눈을 감겨 줌 : 집안을 대표하는 장자 혹은 장자가 없을 경우에는 가장 가까운 가족이 죽은 자의 눈을 감겨 주었습니다(창 46:4). 그러한 행동은 죽음이 단지 잠을 자는 상태에 있는 것임을 상징적으로 보여주는 것이었습니다(행 7:60; 살전 4:13-18).

(4) 염 : 시신을 매장하기 위한 마지막 절차로 염 과정이 있습니다. 우선 시신을 물로 씻은 다음 향료를 발랐습니다(행 9:37; 요 12:3, 19:39). 그리고 시신에 옷을 입히고 손과 발은 천으로 묶었으며 얼굴은 수건으로 덮었습니다(요 11:44). 마리아가 예수님의 발에 부은 순전한 나드 향이나 니고데모가 가져온 몰약과 침향 섞은 것은 모두 장례에서 시신을 위해 사용되는 향료들입니다(요 11:2, 19:39).

2. 장례 행렬

이스라엘에서는 사람이 죽으면 곧바로 매장했습니다. 가능하다면 죽은 지 24시간 안에 매장하는 것이 보통이었습니다. 오전 중에 죽게 되면 그날 매장을 하게 되고, 오후나 밤에 죽게 되면 다음날 매장을 합니다. 이러한 매장 관습이 있게 된 것은 이스라엘의 더운 기후로 인하여 시체가 곧바로 부패하는 문제 때문이기도 했지만, 시체를 오래 둠으로 가족들의 슬픔이 더 깊어진다는 의식과 사람들의 공간에 죽은 자를 오랫동안 남겨놓는 것에 대한 거부감, 그리고 시체를 부정한 것으로 받아들이는 이스라엘 사람들의 종교적 사고방식 등이 작용했기 때문입니다. 이런 관습에 따라 십자가에 달리신 예수님의 시신도 당일에 매장되었습니다(마 27:57-60; 갈 3:13).

예수께서 숨을 거두신 시각이 오후임에도 불구하고 당일에 매장된 것은 나무에 달려 죽은 자의 시신은 곧바로 내려서 매장해야 한다는 규정(신 21:22-23)과 더불어 안식일이나 절기에는 매장하지 않는다는 관습 때문이었습니다(요 19:31).

염을 마친 시신은 나무로 만든 들것에 실려 매장지로 옮겨졌습니다(눅 7:14). 예수께서 나인성에서 과부의 아들을 살려낸 것도 시신이 이런 상여에 실려나갈 때였습니다(눅 7:11-15). 상여가 나가는 장례 행렬에는 가족을 비롯하여 친척과 친구들 등 많은 사람들이 모여 큰 소리로 울부짖고 가슴을 치며 옷을 찢고 자신의 슬픈 감정을 드러냈습니다.

3. 장례 방법

장례 절차의 마지막 과정은 시신을 매장하는 것입니다. 성경시대 이스라엘의 무덤은 돌로 만든 동굴 묘실이었습니다. 자연 암석 동굴을 그대로 이용하기도 하고, 연한 석회암석을 인공으로 파서 동굴 묘실을 만들어 사용하기도 했습니다(창 49:29-32; 삿 8:32).

묘실의 한 면에는 사각형 모양의 입구가 있고, 무덤 입구는 둥근 형태의 돌로 막아두었습니다. 묘실 안은 정방형으로 만들어졌는데, 벽 삼면에는 각각 하나의 시신을 누일 수 있도록 긴 의자 형태의 평석이 하나씩 위치하였습니다. 이 평석 위에 시신을 안치하였는데, 완전 부패가 될 때까지 그곳에 두었습니다.

묘실 안 중앙에는 작은 공간이 있고, 모퉁이에는 돌 항아리가 있었습니다. 평석 위에 안치된 시신이 완전히 부패되면 새로 들어오는 다른 시신에게 그 자리를 내주고, 남은 유골은 다른 유골이 담겨 있는 돌 항아리로 옮겨 보관되었습니다. 일종의 공동묘지 역할을 한 것입니다. 구약성경에서 조상들의 무덤에 묻힌다는 표현과(삿 8:32, 16:31; 삼하 2:32, 17:23, 19:37), 또한 죽음을 가리켜 자신의 열조에게로 돌아간다고 하거나 열조와 함께 잔다는 표현 역시 이런 매장 방법과 관련되어 있습니다(창 25:8, 35:29; 신 31:16; 삼하 7:12).

Test of Bible

1. 장례 이전의 절차에는 어떤 것들이 있습니까?

2. 사람이 죽으면 보통 얼마 만에 매장을 했습니까?

3. 일반적으로 이스라엘에는 어떤 무덤이 존재했습니까?

Tip of Bible

토장

이스라엘의 모든 집안이 묘실 형태의 매장지를 가지고 있는 것은 아니었습니다. 부유한 계층만이 묘실 매장지를 소유할 수 있었고, 가난한 평민들에게는 시신을 땅에 매장하는 간단한 방법이 보편화되었습니다. 그래서 예루살렘 주변에는 평민들을 위한 공동묘지가 있었으며, 범죄자들의 시체가 그곳에 던져지기도 했습니다(왕하 23:6).

죽은 자를 땅에 매장할 때는 먼저 시신을 땅에 묻고 나서 그 위에 돌무더기를 쌓았습니다. 돌을 쌓았던 것은 그곳이 무덤이라는 표시도 되었고 또한 시신이 들짐승에 의해 약탈당하는 것도 방지해 주었습니다. 아골 골짜기의 아간의 무덤이나 에브라임 수풀 속에 마련된 압살롬의 무덤에는 큰 돌무더기가 쌓여 있었습니다(수 7:26; 삼하 18:17).

제 3 과 의복

풍습과 전통편

학습목표 : 이스라엘 사람들이 입었던 옷의 특징들을 살펴보고 신앙적인 교훈을 얻을 수 있음을 이해한다.

중심진리 : 옷의 특징과 목적

본문말씀 : 출애굽기 22:26-27

Memory Verse

"네가 만일 이웃의 옷을 전당 잡거든 해가 지기 전에 그에게 돌려보내라 그것이 유일한 옷이라 그것이 그의 알몸을 가릴 옷인즉 그가 무엇을 입고 자겠느냐 그가 내게 부르짖으면 내가 들으리니 나는 자비로운 자임이니라"(출 22:26-27).

View of Bible

창세기 3장 7절에 의하면, 사람들이 옷을 입게 된 것은 수치심을 감추기 위한 목적에서 시작된 것을 알 수 있습니다. 성경은 당시의 사람들이 무엇을 어떻게 입고 살았는가에 관하여 구체적으로 밝히고 있지 않지만 일부 부유한 계층의 사람들은 다양한 색상의 옷과 정교하게 수를 놓은 의복을 입었고 대부분의 일반 사람들은 주로 집에서 만든 단순한 옷을 입었습니다.

Learn of Bible

말씀 탐구

1. 속옷

가장 간단한 속옷은 소매가 없이 무릎까지 내려오는 튜닉(Tunic) 형태의 짧은 옷이었습니다. 튜닉은 고대 그리스와 로마 사람들이 즐겨 입던 옷으로 허리 밑까지 내려오고 벨트를 두르는 여성용 블라우스 모양의 코트라 할 수 있습니다.

이러한 속옷의 모양은 헐렁한 자루와 비슷했습니다. 위쪽에는 머리를 내놓기 위해 V자 형태의 홈이 파여 있고, 양쪽으로는 두 팔을 내놓기 위해 구멍 모양으로 잘려져 있었습니다.

일반 서민들은 더운 여름철엔 속옷 하나가 평상복 역할을 했습니다. 성경에서는 이렇게 한 겹 속옷만을 입은 것을 가리켜 벗은 상태라고 이해했는데(삼상 19:24; 사 20:2-4; 미 1:8; 요 21:7), 이사야가 삼 년 동안 벗은 몸과 벗은 발로 지냈다는 것은 곧 속옷 하나만 입고 지낸 것을 의미합니다.

당시의 유대인들은 한 벌 이상의 속옷을 가지고 있었는데, 그래서 한 벌의 속옷 밖에 가지지 못한 사람은 가난한 사람으로 여겨졌습니다.

십자가 밑에서 네 명의 로마병정들이 나누어 가진 예수님의 속옷은 이음새가 없이 통으로 만든 것이었습니다(요 19:23). 이것은 예수님이 입으셨던 속옷이 사치스러운 옷은 아니었지만 좋은 질감의 특별한 옷이었음을 보여줍니다. 이 옷을 네 조각으로 나누게 되면 좋은 질감의 속옷을 버리게 됩니다. 그래서 로마병사들은 제비를 뽑아 한 사람이 그 옷을 가지게 하였습니다. 그렇게 함으로 시편 22편 18절에 예언된 메시아와 관련된 말씀이 이루어지게 되었습니다.

2. 겉옷

경제적 여유가 있거나 겨울과 같이 추운 계절이 닥치면 속옷 위에 겉옷을 입었습니다. 성경시대 사람들이 입었던 겉옷은 오늘날의 오버코트와 같은 역할을 하는 일종의 외투입니다.

이러한 겉옷은 사각형 모양의 천으로 몸을 감싸는 역할을 한 것으로써 낮에는 겉옷처럼 입었지만 밤이 되면 덮고 자는 이불 역할을 했습니다. 그러므로 성경은 이웃사람의 옷을 전당잡게 되어도 해가 지기 전에 돌려주어야 한다고 규정하고 있습니다. 그 이유는 그의 겉옷이 곧 그에게는 밤에 덮고 자는 이불이 되기 때문이었습니다(출 22:26-27). 이렇게 겉옷은 전당잡힐 수 있을 정도로 값어치 있는 물건으로 취급되었고 빼앗기도 쉬웠기 때문에 강도들이 노리는 물건에 속했습니다.

3. 신발

당시 이스라엘에는 신발의 형태가 두 종류 있었습니다. 하나는 단순한 모양의 샌들이고, 다른 하나는 목이 긴 반장화 형태의 구두였습니다. 샌들은 그 바닥이 종려나무껍데기 같은 딱딱한 나무 재료로 만들어졌으며, 그것을 가죽끈으로 발에 묶어서 신었습니다. 반면에 구두는 주로 낙타와 같은 동물의 부드러운 가죽으로 만들어졌습니다. 더운 날이 계속되는 여름철에는 샌들을 즐겨 신었지만, 비가 오고 날씨가 추운 겨울에는 구두를 즐겨 신었습니다.

아모스서에 보면 가난한 사람이 신 한 켤레의 값에 팔린다고 할 정도로 당시의 신발은 값이 많이 나가는 물품이 아니었습니다(암 2:6).

성경에서 언급하고 있는 '신들메'는 곧 신발을 발에 묶어주는 신발 끈을 의미합니다. 사람이 집에 들어올 때 그 사람의 신을 벗겨주거나 집을 나설 때 신발 끈을 매주는 일은 종과 같이 가장 낮은 신분의 사람들이 하는 일이었습니다. 침례(세례) 요한이 예수께서 자기에게로 오는 것을 보고 나는 그의 신들메 풀기도 감당치 못하겠다고 한 것은 예수님 앞에서 자신을 낮추는 침례(세례) 요한의 겸손함을 보여주는 장면입니다.

Test of Bible

1. 일반 백성에게 여름철 평상복 역할을 했던 것은 어떤 옷입니까?

2. 이스라엘 사람들의 겉옷은 밤에 어떤 역할을 했습니까?

3. 당시 이스라엘 사람들이 사용하던 신발에는 어떤 종류가 있습니까?

Tip of Bible

허리띠

속옷을 입을 때 허리띠가 없으면 행동하거나 일하는 데 여러모로 불편했습니다. 그래서 허리를 묶는 습관이 생겨나게 되었고, 이런 이유에서 허리띠 착용이 일반화되었습니다. 간단한 허리띠는 약 10cm 정도의 넓이로 된 긴 천이나 가죽으로 허리 부분을 여러 차례 감는 것이었습니다.

이러한 허리띠는 돈을 넣거나 칼과 같이 필요한 물건을 차는 데에도 사용되었습니다. 허리띠를 풀어서 그 안에 돈을 넣고 다시 허리에 두르기만 하면 그것은 훌륭하고 안전한 돈지갑의 역할을 했습니다.

싱경에서는 허리띠를 두르는 것을 상징적으로 사용하여 여러 가지 교훈을 전해주고 있습니다. 허리띠를 두르는 것은 곧 일할 준비가 되어 있음을 의미했습니다. 이사야는 앞으로 오실 메시아는 공의로 허리띠를 두르고 세상을 다스린다고 하였으며(사 11:5), 바울은 사탄과 싸우기 위하여 진리의 허리띠를 띠어야 한다고 권면했습니다(엡 6:14). 베드로는 근신하는 자세를 가리켜 마음의 허리를 동이는 것이라고 했습니다(벧전 1:13).

제 4 과 주거

풍습과 전통편

학습목표 : 이스라엘 사람들이 살았던 집의 특징들을 살펴보고 신앙적인 교훈을 얻을 수 있음을 이해한다.

중심진리 : 집의 특징과 목적

본문말씀 : 마태복음 10:27

Memory Verse

"내가 너희에게 어두운 데서 이르는 것을 광명한 데서 말하며 너희가 귓속말로 듣는 것을 집 위에서 전파하라"(마 10:27).

View of Bible

성경시대 사람들은 외적으로부터의 방어가 유리하면서 가축들을 위한 물 공급이 원활한 곳을 거주지로 선호했습니다. 그런 입지조건이 맞는 곳이면 어김없이 집단으로 모여 사는 거주지가 형성되었습니다. 이들은 도시를 형성하고 집을 지었습니다. 또한 목축을 생업으로 삼는 유목민들은 잦은 이동으로 인해 천막을 이용해서 살아야 했습니다.

Learn of Bible

말씀탐구

1. 천막생활

사막이나 광야같이 정착생활이 어려운 곳에 살던 유목민들은 이동이 용이한 천막에서 생활했습니다. 아브라함이 자신의 고향 우르에서 하나님의 부르심을 받았을 때, 그는 도시에서 안정된 정착생활을 하고 있었습니다. 그러나 하나님의 지시에 따라 안정된 삶을 버리고 천막을 치며 이곳저곳으로 떠도는 삶을 살았고, 그러한 천막생활은 이삭과 야곱에 이르러서도 계속 이어졌습니다.

애굽에서 나온 이스라엘 백성 또한 가나안 땅으로 들어가기 전까지 40년 동안을 광야에서 방랑하며 천막생활을 했습니다. 가나안 정착 후에도 초막절과 같은 명절엔 일주일 동안 천막생활을 했습니다.

천막은 검은색 염소 털을 이용했습니다. 잘 건조된 염소 털은 통풍이 잘 되고, 우기에는 비가 새지 않게 막아주는 방수 효과가 뛰어났습니다. 아가서는 좋은 재료로 만든 천막을 '게달의 장막'이라고 표현했는데(아 1:5), '게달'은 북부 아라비아사막에 위치한 지역으로 질 좋은 염소 털 생산으로 유명한 곳이었습니다.

천막의 중앙에는 곡식 자루들이 쌓여 있고, 맷돌과 곡식 빻는 절구도 그 곁에 있었습니다. 천막의 말뚝에는 물이나 우유를 담는 가죽부대가 걸려 있었으며, 감람유로 불을 밝히는 등잔과 여러 그릇들이 있었습니다.

낙타와 같은 사막 짐승을 몰고 다니는 비교적 여유가 있는 가정은 천막 안에 낙타 장비를 들여놓는데 이것은 사람들이 앉는 의자 역할을 하기도 했습니다. 잃어버린 드라빔을 찾기 위해 라반이 천막 안을 살피고 있을 때 라헬은 이 낙타 장비 위에 앉아 있었던 것입니다(창 31:34).

화로는 천막 안의 땅바닥에 만들었습니다. 땅에 구멍을 파고 불을 지피며 불구덩이 주위에는 돌을 쌓아 놓고 불 위에는 취사도구를 올려놓고 음식을 요리했습니다.

2. 주택 생활

이스라엘 백성은 가나안 지역에 정착하면서 천막 대신 집을 지어서 살게 되었습니다. 이들은 농사를 짓고 가축을 키우며 살았습니다. 보통 시골에 사는 대부분의 사람들은 단칸방 집에서 지냈지만, 두 개 이상의 방을 갖춘 집에서 사는 사람들도 있었습니다. 이스라엘에 극심한 기근이 있는 중에 엘리야가 찾아가 함께 머물렀던 사르밧 과부는 다락방을 따로 장만하고 있었는데, 그런 점에서 그 가정은 하류 계층이 아니었음을 보여줍니다(왕상 17:19).

초기의 집들은 주로 햇볕에 말린 흙벽돌로 지었는데, 점차 기술이 발달하면서 불에 구운 벽돌이 사용되었고, 자연석이나 자갈로 지은 집들도 등장했습니다.

햇볕에 말린 흙벽돌로 벽을 쌓고, 작은 창 하나를 두었는데 외부침입자를 막기 위해 나무 격자를 창틀 안에 설치했습니다. 겨울철에는 나무 격자를 가죽이나 천으로 덮어 바람이 들어오는 것을 막았습니다. 흙벽돌로 지어진 벽은 도둑이 집안으로 들어오기가 쉬워서 성경엔 도둑을 가리켜 '어둠을 틈타 집을 뚫는 자'(욥 24:16)라고 표현했습니다. 예수님도 '도둑이 구멍을 뚫고 도둑질한다'고 말씀하셨습니다(마 6:19, 24:43).

창문은 크기가 작았기 때문에 바깥 빛을 방안으로 받아들이는 것은 방문이 유일한 통로였습니다. 그래서 농촌지역의 단칸방 집은 아침에 해가 뜨면 문을 열어놓고 하루 종일 닫지 않았습니다. 그래도 충분한 빛이 방안으로 들어오지 않았기 때문에 방안은 항상 어두웠습니다. 그래서 열 드라크마 중 하나를 잃어버린 여자는 동전을 찾기 위해 등불을 켜고 방안을 열심히 쓸어야만 했습니다(눅 15:8). 밤이 되면 방문을 닫고 나무 빗장을 걸어 문을 잠갔으므로 방문이 잠겨 있는 것은 밤이 되었거나 집안에 아무도 없다는 것을 표시했습니다.

Test of Bible

1. 이스라엘 사람들의 주거 형태로는 어떤 것들이 있습니까?

2. 당시 집을 지을 때 주로 사용한 재료는 무엇입니까?

Tip of Bible

지붕

신명기 22장 8절에 의하면 새로 집을 지을 때 지붕에 난간을 만들 것을 명령하고 있습니다. 이것은 사람이 지붕에서 떨어지지 않게 하기 위함인데, 이는 그만큼 사람들이 지붕을 많이 이용했음을 의미합니다.

당시 집의 지붕은 벽과 벽을 가로지르는 대들보가 놓이고 그 위로 갈대나 가시덤불을 깔았습니다. 그리고 다시 그 위에 흙이나 진흙으로 덮었으며, 다시 그 위에 모래나 자갈을 뿌린 다음 평평하게 다져 비가 새는 것을 막았습니다. 이런 지붕 위에는 겨울철 비가 내리면서 잡초들이 자라게 됩니다. 그러나 이런 풀들은 햇볕을 조금만 쬐도 금방 말라버리게 됩니다. 그래서 시편 기자는 시온을 미워하는 자를 가리켜 자라기 전에 마르는 지붕의 풀과 같다고 했습니다(시 129:6).

고온건조한 여름철에 지붕은 좋은 잠자리 역할을 했습니다. 특히 습기가 적기 때문에 시원하고 쾌적한 저녁과 아침을 이곳에서 즐길 수 있었습니다. 형편이 좀 나은 사람들은 지붕 위에 항구적으로 사용할 수 있는 다락방을 짓기도 했습니다. 다락방은 더운 여름철에는 시원한 휴식처가 되었고, 조용하게 시간을 보내는 명상의 장소가 되기도 했습니다. 귀한 손님이 왔을 때는 접대하는 장소가 되었습니다. 또한 기도의 장소로도 사용되었습니다. 베드로가 제 육시에 기도하려고 올라간 장소가 지붕이었습니다(행 10:9).